연대신서
195

청소년이 알아야 할

세계화

장 피에르 폴레

김종명 옮김

東文選

청소년이 알아야 할 세계화

청소년이 알아야 할 세계화

Jean Pierre Paulet

La mondialisation

차 례

제1장 왜 세계화인가?

제2장 자유주의의 승리

제3장 다국적 기업: 세계 전략

제4장 심화되는 불평등

제5장 글로벌화 혹은 파편화

일러두기

APEC 아시아-태평양 경제협력기구(Asia Pacific Economic Cooperation).

ASEAN 아세안(association of south east asian nations).

CECA 유럽 철·석탄 공동체(Communauté Européenne du Charbon et de l'Acier).

EEC 유럽경제공동체(European Economic Community).

G7 서방선진 7개국 정상회담. 1997년 러시아가 정회원이 되면서 G7에서 G8이 되었다.

GATT 관세와 무역에 관한 일반협정(General Agreement on Tariffs and Trade).

IDH 인간개발지수(Indicateur de Développement Humain). 영어 명칭은 HDI(Human Development Index).

IMF 국제통화기금(International Monetary Fund).

MERCOSUR 남미공동시장(Mercado Comun del Sur).

NAFTA 북미자유무역협정(North America Free Trade Agreement).

UEM 경제통화동맹(Union Economique et Monétaire). 영어 명칭은 EMU(Economic and Monetary Uinon).

UNESCO 국제연합교육과학문화기구(United Nations Educational, Scientific and Cultural Organization).

UNICEF 유엔 아동기금(The United Nations Children's Fund).

Visegrad(Visegrad Group) 중앙 유럽 자유무역 협정(헝가리·폴란드·체코·슬로바키아·슬로베니아).

WTO 세계무역기구(World Trade Organization).

이하 본문에서 별표(*)가 붙어 있는 용어는 책 끝 부분에 있는 용어 해설에서 그 용어에 대한 설명을 참조하기 바람.

서 론

1. 세계화의 세 단계

A. 세계화 이전의 두 단계

• **국제화**(internalisation)

1948년에 창설된 **OECD**(Organization for Economic Development and Cooperation)에 의하면, 세계화는 지금까지 여러 단계를 거치면서 진행되고 있다. 우선 그 첫 단계가 국제화의 단계이다. 이 단계에서는 기업들이 수출을 확대하면서 자신들의 활동영역을 해외로 더욱더 넓혀 나간다. 그런데 여기서 우리가 흔히 범하는 실수가 있다. 우리는 종종 "프랑스가 독일에 그 물건을 팔았다"라고 하지만 이는 틀린 말이고, 사실은 "프랑스 국적의 회사가 독일 국적의 한 회사에게 그 물건을 팔았다"고 해야 정확하다.(모리스 비에) 국제 무역의 역사는 아주 오래되어서 고대국가 시절에도 이미 상당한 규모의 국제 무역이 이루어졌었다. 그렇지만 특별히 19세기 후반부터 진정한 의미에서 무역의 국제화가 이루어졌다. 이 시점부터 국제 무역은 매 20년마다 2배씩 증가한다!

1848-1875년 사이에 자유 무역을 채택한 영국은 시장을 지리적으로 다변화한 첫번째 나라이다.

• 초국가화(transnationalisation)

세계화의 두번째 단계는 특히 제2차 세계대전 이후에 시작되었는데 외국에 자본을 직접 투자하는 경향(탈국지화*)이 급등하는 단계이다. 이것을 바로 초국가화의 단계라 부른다. 1950년 당시 외국에 대한 직접적인 자본 투자는 광업이나 농업 분야, 즉 1차 원자재 분야에만 한정되었었다. 그러나 1960년 이후로 공업 분야가 투자*의 핵심적인 대상이 되었다. 그러므로 기업들은 무역의 자유화와 자본의 유입으로 인해 국경을 넘어서서 초(超)국가적인 성격을 띠게 되었다. 시장의 국제화 외에 이 단계에서 이루어지는 주목할 만한 한 가지 사건이 있다. 그것은 1960년 이후부터 선진공업국들은 그들의 **생산을** 점점 더 많이 **외국에서** 하게 된다는 것이고, 다국적 기업들이 자본의 직접 투자로 이루어지는 세계화에 있어서 점점 더 중요한 역할을 담당하게 된다는 것이다.

B. 글로벌화(globalisation)

아주 최근, 즉 1980년대부터 시작되는 세계화의 세번째 단계는 기술과 용역의 발전 덕택으로 진정한 의미의 전 지구적 네트워크가 형성되는 단계이다. 증권시장의 시세는 하루 24시간 내내 연속적으로 변동하고 있고, 1998년 현재 4천만 대의 소형 컴퓨터를 연결하고 있는 통신망인 인터넷은 20세기가 끝나는 시점이면 3억 명 이상의 이용자를 갖게 된다. 각 국가들은 점점 더 상호 의존적이 되고, '세계라는 시스템'의 포로가 된다. 영어에서 유래된 표현인 '글로벌화'는 바로 이 마지막 단계를 지칭한다. 프랑스에서는 1980-90년대를 특징짓는 말로 '세계화(mondialisation)'란 표현을 더 많이 사용한다. 아무튼 정보와 영상과 제품이 유통되는 전세계적 네트워크는 국경을 초월하고 있고, 각 국가들은 외부에서 내려지는 결정들과 그들이 제어할 수 없는 변화들에 대해서 두려움을 갖게 되었다.

2. 전세계적 차원의 혁명

A. 1989년을 기점으로 하는 단절적 변화

• 20세기말?

1980년대에 이루어진 심대한 변화들은 우리로 하여금 베를린 장벽이 무너지고 사회주의 체제가 사라져 버린 1989년을 기점으로 해서 20세기는 끝이 났다고 판단하도록 만든다. '세력권' 또는 '진영(bloc)'의 국제 정치가 끝이 나고 동구권과 중국의 경제가 개방됨으로써 세계 경제는 실질적으로 그 모습이 바뀌었다. 그렇지만 이런 새로운 지정학적 조건은 이 심대한 변화를 야기시킨 여러 요인들 중 단지 하나에 지나지 않는다. 20세기말은 19세기 후반부의 커다란 변화만큼이나 엄청난 경제적·기술적·사회적·문화적인 혁명이 이루어진 시기이다. 컴퓨터공학과 정보통신 분야의 발전에서 기인된 이러한 변혁은 제3세계 국가들마저도 시장 경제 속으로 편입시킨다.

• 자유주의의 승리

GATT 협정[1]이 이루어진 1947년 이후로 무역은 계속적으로 자유화되어 왔다. 1995년 1월 1일 공식 출범한 세계무역기구 **WTO**의 설립은 이런 흐름에 있어서 또 다른 전기를 마련해 준다. 이 기구는 점차적으로 관세를 낮추고 보호주의를 철폐하며 무역을 활성화시키고자 하는 기구이다. 로버트 라이히가 언급한 것처럼 "우리는 다가올 21세기의 정치와 경제를 재구성하는 그런 변혁기를 살고 있다." 제2차 세계대전이 끝났을 때 평균 관세율은 40퍼센트 정도였다. 그리고 21세기초에는 이것이 5퍼센트 이하로 떨어질 것이다. 2005년은 이러한 변혁기가 끝나고 새로운 시대가 시작되는 시점이 될 것이다.

---

1) 관세 장벽과 수출입 제한을 제거하고, 국제 무역과 물자 교류를 증진시키기 위하여 1947년 제네바에서 미국을 비롯한 23개국이 조인한 국제적인 무역 협정. 제네바 관세 협정이라고도 한다. 1993년 현재 정회원국 수는 1백16개국이며, 한국은 1967년 4월 1일부터 정회원국이 되었다. **GATT**가 국제 무역의 확대를 도모하기 위하여 가맹국간에 체결한 협정 내용은 다음과 같다.
① 회원국 상호간의 다각적 교섭으로 관세율을 인하하고, 회원국끼리는 최혜국대우를 베풀어 관세의 차별 대우를 제거한다. ② 기존 특혜 관세 제도(영연방 특혜 관세 제도)는 인정한다. ③ 수출입 제한은 원칙적으로 폐지한다. ④ 수출입 절차와 대금 지불의 차별 대우를 하지 않는다. ⑤ 수출을 늘리기 위한 여하한 보조금의 지급도 이를 금지한다는 것 등이다. 〔역주〕

B. 도래하는 새로운 기회

• 경제 전쟁?

이러한 변화는 국가간의 경쟁을 한층 더 심화시킬 것이다. 국가들은 각 국가가 지니고 있는 '비교 우위'를 이용하면서 경쟁이라는 게임을 벌일 수밖에 없다. 새로운 사실은 빈곤국가에 속하는 몇몇 나라들이 그간 발전을 이룩했고 아시아 전체가 시장 경제 안으로 들어왔다는 것이다. 몇몇 신흥공업국들은 선진국들의 경쟁 상대가 되었고, 선진국들은 세계화라는 현실에 직면하게 되었다. 그렇지만 확실한 근거도 없이 '경제적 공황'이나 지옥의 묵시록 같은 미래를 이야기하는 것은 피해야만 한다! 우리가 에장베르[2]처럼 제3차 세계대전은 경제 분야에서 일어날 것이라고 말하는 지경까지 갈 수야 있겠는가? 아무튼 수억 명에 달하는 빈곤 계층의 사람들이 이미 시장 경제 속으로 들어가 있지만, 어떤 나라들은 이에 대처할 능력이 없고 가장 빈곤한 사람과 가장 부유한 사람 사이의 소득 격차는 1 대 72의 수준까지 벌어져 있는 것이 현실이다.

• '창조적 파괴'

우리는 이 전세계적인 혁명적 변화에 대해서 슘페터가 한 유

---

2) 프랑스 대통령 프랑수아 미테랑의 경제담당보좌관을 지낸 재정전문가. 〔역주〕

명한 말을 적용할 수 있겠다. 어떤 경제 활동이 사라지는 것은 새로운 직업들과 다른 종류의 부가 창출되는 일을 동반한다. 에리크 이즈라엘르비치는 《우리를 기다리는 세계》라는 글에서 세계화가 우리에게 엄청난 새로운 가능성들을 열어 준다는 것을 잘 보여주었다. 그렇지만 세계화는 직업과 인력의 끊임없는 유동성, 주변화된 계층들의 빈곤화, 급격한 구조 조정 등 고통스러운 조건 속에서 진행된다. 그러므로 세계화에 관한 담론(특히 논술시험인 경우에는 더욱더 그렇다)은 신중해야 하고 문헌들을 잘 참조해야 한다. 또 그것은 세계화의 긍정적인 측면과 부정적인 측면들을 함께 보여줄 수 있어야만 하고, 성급하거나 정치적인 판단을 내리는 것은 피해야만 한다. 요컨대 관건은 새로운 변화에 적응하는 것이고 최약자를 보호하는 것이며, 이 심대한 변화를 조직화하고 그것에 통제를 가하는 것이다. 그러므로 자키 라이디가 말한 것처럼 세계화는 "세계화를 가지고 우리가 만들어 내는 바로 그것이 될 것이다."

• 한층 더 불평등한 세계

1997년 4월에 있었던 **WTO**의 한 조사에 의하면, 세계화는 지금 일견 그렇게 보이는 것보다는 더 '조용하고 균형을 이룬' 상태에 놓여 있다는 것이다. 점점 더 많은 나라들이 경제 성장의 이익을 누리고 있고, 점점 더 국제 무역에 문호를 개방하고 있다. 예를 들어 라틴아메리카와 아시아의 여섯 마리 용(홍콩·한국·말레이시아·싱가포르·타이완·태국), 그리고 심지어 아프리카의 국가들도 좋은 결과들을 얻고 있다. 그렇지만 가장 큰 문제는 전세계 차원에서 불평등의 심화가 이루어진다는 사실이다. 불평등을 측정하기 위한 기준에는 교육 수준, 건강을 위한 지출, 사망률, 소비 등 많은 기준들이 존재한다. 오늘날 전세계의 네 사람 중 한 명은 하루 생계를 위해서 1달러 미만을 지출하는 절대 빈곤의 상태에 놓여 있다(1997년 유엔 개발 계획 보고서). 전세계 인구의 약 20퍼센트가 전세계 소득의 겨우 1.1퍼센트를 차지하고 있다(1960년의 경우는 그 비율이 2.3퍼센트였다). 1억 6천만 명의 어린이가 영양실조에 걸려 있고 최근에는 선진국에서조차 불평등이 심화되고 있는 실정이다. 무역 개방이 많은 빈곤국가들에게 경제 성장을 가능하게 하고 있는 것은 분명하지만(세계은행에 의하면 중국의 경우는 1987년부터 1994년 사이에 '빈곤 계층' 인구가 5천만 명이나 줄었다), 이 개방이 전세계에 균등하게 유익을 가져다주지는 않는다. 지금부터 2030년까지 전세계의 총 생산량은 2배로 증가할 것이다. 그러나 이런 성장이 전세계에 고르게 미치는 것은 아니다. 자유 경쟁 체제 속에서 투자되는 자본은 가장 수익성이 높은 곳으로 몰리기 마련이다. 프랑수아 페루[3]가 1960년대에 이미 설명한 것처럼 '경제 성장'이란 원래 모든 곳에서 동시에 일어나지 않는다. 경제 성장은 각 시기마다 가장 유망한 지역으로만 몰려서 이루어진다. 1997년 유엔의 한 보고서에 의하면 그해 1인당 생산량이 평균 8.5퍼센트 증가했다고 한다(아프리카의 국가들

---

3) 주류를 이루는 영미 계통의 경제학 흐름과는 구별되는 개성 있는 경제학 이론과 사상을 지닌 프랑스의 경제학자. 〔역주〕

도 성장이 더 빨라지고 있다). 그렇지만 여전히 세계 인구의 단지 20퍼센트가 전세계 소득의 85퍼센트를 차지하고 있는 것이 현실이다. 세계화가 바로 이런 상황을 불러일으킨 원인이라고 할 수는 없다. 그렇지만 더 포괄적이고 덜 불평등한 발전은 여전히 전 인류의 핵심적인 목표요, 숙제라고 할 수 있다.

다니엘 코헨의 저서 《세계의 부, 국가들의 빈곤》은 전세계가 점점 더 많은 부를 창출하고 있지만 부자와 빈자 사이의 격차는 점점 더 벌어지고 있는 모순된 오늘날의 현실을 잘 보여주고 있다.

1

점진적인 개방

1. 사람들은 이미 오래전부터 교류를 해오고 있었다

A. 여러 민족들의 뒤섞임

인류의 이동, 즉 인간들의 교류는 인류가 탄생한 바로 그 시점부터 시작된다. 산업 혁명이 일어나기 훨씬 이전에도 인류는 비록 느리고 조악한 운송 수단을 지니고 있었지만 상당한 규모의 재화와 인력의 이동이 있었다. 여러 민족들이 뒤섞임을 통해 다양한 문화들이 대륙을 건너서 또 다른 대륙으로 전파되었다. 그렇지만 오늘날에는 운송 수단의 혁명을 통해서 이런 이동이 엄청나게 더 증가하게 되었다. 1870-1913년 사이에 1천7백만 명의 사람이 북아메리카나 호주로 이주하였다. 그렇지만 1918년부터 이민에 대한 규제가 강화되었다. 예를 들어 1920년 미국은 자국의 입국자 수를 제한, 축소시켰다. 그럼에도 불구하고 이런 이민의 흐름은 19세기 이후로부터 점점 더 많은 상업적인 교류를 동반하게 되었다.

B. '벨 에포크'[4] 시절의 세계화?

영국은 자유 무역이 승리를 하는 데에 결정적인 역할을 했다. 각 시대마다 그 시대를 지배하는 국가는 자신의 힘을 가지고 무역의 자유화를 더욱더 발전시키고자 했다. 1820-1870년 사이에 영국에서는 점진적으로 관세 장벽이 철폐되었다. 자유 무역은 비록 보호주의의 저항과 간헐적인 반동의 움직임이 있었음에도 불구하고 전세계에 확산되었다. 1914년 외국에 있는 영국의 자본은 이미 당시 영국의 국내 총생산*의 1.5배에 이르렀다. 당시, 무역의 자유주의는 크게 발전을 했고 변화에 대한 조절이나 규제 같은 것이 아직 존재하지 않았다. 몇몇 '다국적' 기업들은 이미 자국 밖에 투자를 했다. 1867년부터 영국에 진출을 하기 시작한 싱거사, 생 고뱅사, 시바사, 웨스팅하우스사가 바로 그런 예들이다. 1914년 미국 회사가 외국에 설치한 지사의 수는 1백22개에 달했다.

---

4) 19세기말에서 20세기초에 걸쳐 파리는 과거에 볼 수 없었던 풍요와 평화를 누렸다. 예술·문화가 번창하고 거리에는 우아한 복장을 한 신사숙녀가 넘쳐흘렀다. 물랭루주와 레스토랑 맥심으로 대표되는 아름다운 꽃의 파리를 이루었다. 그후 외교면에서나 경제면에서나 쇠퇴와 핍박이 계속되어 1900년대초의 파리를 아는 사람들은 한없는 애착심을 가지고 이 시대를 '벨 에포크(Belle Époque: 아름다운 시대)' 라고 불렀다. 〔역주〕

2. 최근의 급진적 변화

A. 특히 1945년 이후의 급진적 변화

명실상부한 세계 무역의 통계 자료는 1883년 이후에나 존재한다. 왜냐하면 그 이전까지는 산업국가들이 그들이 필요로 하는 재화의 대부분을 자국 내에서 자급하였기 때문이다. 제3세계 국가가 세계 무역에 참여를 하게 된 것은 1860년 이후부터이다. 1980년 노벨경제학상 수상자인 아서 루이스가 지적한 것처럼, 최초의 산업 혁명이 일어나기 전까지는 산업국가들과 빈곤국가들 간의 교역이 아주 미미했다. 전세계에 새로운 경제 질서가 형성된 것은 바로 19세기의 마지막 25년 동안이다. 그리고 이 시기부터 세계는 산업국가들과 농업국가들로 이분화가 이루어진다.

그렇지만 제2차 세계대전 이후 세계 무역은 아주 빠른 속도로 증가하게 된다. 1959-1980년 사이에 세계 무역의 규모는 연평균 7퍼센트의 성장을 이룩했다. 1950-1970년 사이에는 인류 역사상 유례가 없는 고도의 경제 성장이 이루어졌고 이는 시장의 개방을 촉발시켰다. 이 시기를 바로 우리는 '위대한 30년'이라고 부른다. 1957년의 로마 협약은 유럽 통합의 의지를 상징적으로 보여준다. 1970년경 경제학자들은 이후에도 지속적으로 경제 성장이 있을 것이라고 예측한다. 그러나 '고통스런 20년'이라 불렸던 1970년대, 80년대의 경제 위기는 구조

조정을 심화시켰다. 그렇지만 이 시기에도 자본과 제품의 교역을 위한 각 국가의 시장 개방은 계속 더 확대되었다. 1980년대부터는 자본시장이 탈규제화함으로써 자본은 가장 높은 이윤을 창출하는 곳을 찾아서 자유로운 통행을 하게 되었다.

B. 이데올로기적 차원

제2차 세계대전 이후 세계화라는 개념이 상징적인 가치를지니기 시작한다. 예를 들어 전투비행사 개리 데이비스는 스스로를 '세계 시민' 이라고 선언을 했고, 공식 석상에서 자신의 신분증을 찢어 버렸다. 끔찍스런 인류의 갈등에 크게 충격을 받은 그는 모든 국가들을 초월한 '세계 정부' 를 만들 것을 원했다. 이런 그의 주장에 당시 일단의 지식인과 작가들이 동조했다. 알베르 카뮈 그리고 1952년 이 '세계 시민 운동' 에 동조한 앙드레 브르통이 그 예이다. 바로 이런 상황 속에서 1945년부터 세계 경제를 지배하기 시작하는 미국은 **미국식 생활 방식**(American Way of Life)을 수출하면서 자신들의 자유주의 모델을 다른 나라들에게도 주입하고자 했다. 1948년에 창설된 **OECD**는 유럽 재건의 방향을 결정할 것이다. 그리고 그럼으로써 "미국은 미국식 자본주의*를 모델로 채택한 세계 자본주의*로 향하는 길을 제시한다."(로버트 라이히) 그러나 이 시기, 그리고 이후 얼마동안은 공산주의 국가가 출현함으로써 미국의 이데올로기가 확산되는 것이 저지된다. 그렇지만 1955년 미국의 경제잡지 《포춘》은 "미국의 자유시장은 세계에 존재하는 최상의 모델이다"

라는 말을 서슴없이 한다!

  단적으로 말해서, 세계화는 1980년대부터 특히 가속화되었
지만 그 이전부터 존재하는 계속적인 변화이다. 그것은 용역 ·
제품 · 자본의 흐름이 탈규제화되는 것을 의미한다. 그것은 또
한 국경의 개방 그리고 기술의 발전을 함의한다. 이처럼 다양한
요인들이 오늘날 우리가 보는 세계화의 제 양상을 만들어 낸 것
이다.

다국적 기업의 자회사

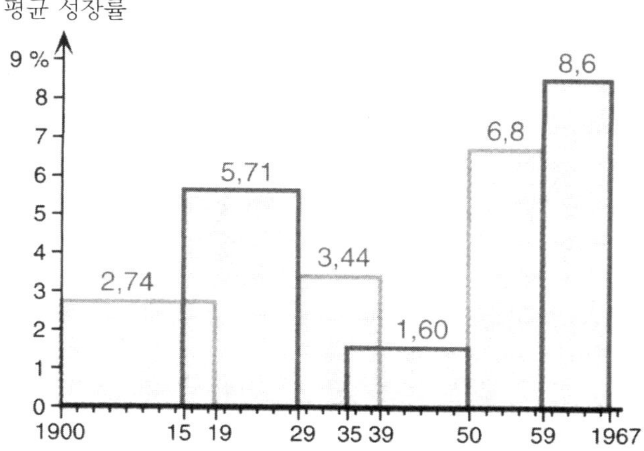

<table>
<tr><td colspan="1" align="center">세계화를 도출해 내는 복합적인 요인들에 대한 분석</td></tr>
<tr><td>

경제적 요인들

— 천연 자원의 불평등한 보유.

— 인적 자원의 불평등한 보유.

— 생산 자원의 불평등한 보유.

— 노하우의 전세계적 전파.

— 상품의 생명 주기*의 단축.

— 자본의 초국가화.

— 문화 교류와 무역의 폭발적인 증가.

</td></tr>
<tr><td>

기술적 요인들

— 기술의 불평등한 발전.

— 유통 비용의 감소.

— 이동에 걸리는 시간의 단축.

— 통신의 전산화와 발전.

— 영상의 승리.

— 실시간에 이루어지는 정보의 전파.

— 연구와 발전의 끊임없는 변천.

</td></tr>
<tr><td>

사회적 요인들

— 평균 수명의 증대.

— 개발도상국들을 포함한 전세계적 차원의 소비 확대.

— 개발도상국에 서구식 소비 규범의 확산.

— 개발도상국에 의해 제공되는 값싸고 풍부한 노동력.

</td></tr>
<tr><td>

정치적 · 문화적 요인들

— 경제적 자유주의*와 자유 무역의 승리.

— 관세 장벽이 계속적으로 낮아짐.

— WTO(World Trade Organization, 국제무역기구)의 창설.

— NAFTA와 같은 경제 '지역권' 들의 형성.

— 제 문화들의 통합 과정.

</td></tr>
</table>

2

'지구는 하나의 마을, 지구촌이다'

1. 세계의 축소

A. '실시간 속에 있는 단일한 사회'

지금부터 30여 년 전 캐나다의 마셜 맥루언은 전세계의 단합을 강조하기 위해서 지구촌이라는 개념을 제시했다. 정보 기술의 발전과 통신 수단의 비약적 발전은 정보의 빠른 전파를 가능하게 하고 있을 뿐만 아니라 국경을 초월해서 사람들·기업들·국가들을 서로 연결시키는 망 조직을 발전시키고 있다. 오늘날 하나의 사건이 전세계의 일반 대중들에게 알려지는 데 걸리는 시간은 거의 제로에 가깝다. 그렇지만 예를 들어 1821년 5월 5일에 발생한 나폴레옹 1세의 죽음 소식이 파리에 전달된 것은 2개월이 지난 그해 7월이 되어서였다. 20세기말, 정보는 1초의 1천조 분의 1의 속도로 전달된다. 현대인은 "이제 더 이상 여기나 저기에 있는 것이 아니라 동시에 모든 곳에 있으며 이미 어느 정도는 시간 속에 있다."(보이엔) 컴퓨터나 텔레비전이 제공하는 쌍방 작용(interaction)의 장치를 통해서 정보를 즉시 제어하는 '실시간의 사회'가 발전되고 있다. 1975년에 이미 로즈네는 실시간(real time)이란 개념을 다음과 같이 정의했다: "이 표현은 […] 컴퓨터공학의 용어이다. 어떤 곳에서 오는 정보가 오는 동시에 처리가 될 때 대화나 쌍방 작용(예를 들어 컴퓨터와 인간 사이의 쌍방 작용)은 실시간에 이루어진다고 말한다." 그러므로 한 기업의 사장이나 정치가는 필요에 따라 임의로 선택할 수 있는 순간에 도착하는 정보의 혜택을 받으면서 일을 할 수 있게 되었다. 그런데 정보는 그 종류가 아주 다양하다. 텔레비전 '생중계'에 의한 동시적인 정보 제공에서부터 몇 분간의 시차를 두고 정보를 제공하는 금융센터의 정보 제공 방식에 이르기까지 여러 종류가 있다. 그러므로 정보 사용자들이 얼마간의 시차를 용인하느냐에 따라 정보 전달의 시간차는 결정되는 것이다. 피터 드러커가 언급한 것처럼, 세계화는 또한 '정보가 행동에 유효하게 작용하는 지식 사회'인 것이다.

B. 공간의 혁명

정보통신의 혁명적인 발전 덕택으로 기술의 발전은 이제 제 문화들을 통합시키는 한 요인이 되었다. 오늘날 우리는 지구상의 대부분 지역들을 접근할 수 있게 되었다. 그리고 거리라는 개념은 상대적인 것이 되었다: 실제로 거리는 비용의 문제가 될 뿐더러 걸리는 시간의 문제가 되었다. 거리는 여정의 편안함과 특히 걸리는 시간에 따라서 다양하게 느껴진다. 콩코드 여객기가 뉴욕과 파리 사이를 몇 시간 만에 주파한다면 이 두 도시간의 거리가 얼마인가는 별 의미가 없어진다. 아무튼 교통망은 그 발전이 비록 매우 고르지 않게 이루어지고 있지만 지구 표면에 퍼져 있는 매우 밀집된 관계 조직망을 구성함으로써 인간들의 유동성을 더욱더 심화시키고 있다. 오늘날 전세계의 이민 숫자는 연간 약 6천만 명에 달한다. 그런데 여기서 중요한 사실은 인구 이동 역시 세계화되어서 이제는 전세계 모든 나라에서 인구 이동이 일어난다는 것이다. 그리고 또 알아야 될 것은 이제 재화와 인력만이 유동성을 갖는 게 아니라는 것이다. 제2차 세계대전 이후로 용역과 자본의 유입, 즉 보이지 않는 것들의 유입이 증가하고 있기 때문이다. 아무튼 정보통신이 아무리 놀랍게 발전되었어도 그것이 공간과 거리를 완전히 없애는 것은 물론 아니다. 그러나 그로 인해서 좀더 복합적이고 종종 좀더 불평등한 성격을 지니는 새로운 조직이 탄생했다. 그러므로 세계화는 텔레비전, 컴퓨터공학 그리고 정보통신, 이 셋의 결합체로부터 탄생한 것이다. 그러나 기술 혁명의 혜택을 전세계 모든 지역이 똑같이 누리는 것은 아니다. 이런 기술 혁명이 야기한 역동성으로부터 소외된 지역이 존재하는 것이다.

2. '지구촌'이란 하나의 신화인가?

A. 중심부*와 주변부*

세계화는 교류의 망을 지배하는 추진력의 중심부에 있는 지역들간의 대립을 수반하고 있다. 칸스키가 강조한 것처럼, 이 지역들은 "하나의 시스템 속에서 수많은 관계를 서로 맺고 있는 일련의 지리적 장소들"이다. 중심부를 이루는 지역들이 이 교류를 통제하고 있다. 예를 들어 미국은 자국에 유익이 되도록 정보를 모으는 아주 밀도 있는 조직의 중심에 위치해 있다. 또 전세계에서 이루어지는 투자*의 83퍼센트가 유럽·일본·미국이라는 세 주요 중심부가 이루는 삼각 지대로부터 나오고 있다. 브뤼네가 언급한 것처럼 "지리적 공간은 근본적으로 비연속적이다." 그리고 오늘날 세계가 아무리 단일화되는 경향이 있어도 세계 여러 지역의 풍경과 상황이 보여주는 놀라운 다양성은 여전히 존재하는 것이다. 여러 국가와 사회가 지닌 입장은 아주 다양하다. 그리고 이 다양한 입장은 결국 세계화에 아주 잘 적응된 중심부* 국가들과 이 현대적 망 조직에 아직 접근을 하지 못하고 있는 '주변부' 국가들로 이분하게 만든다. 오늘날 한 나라의 발전 수준은 그 나라가 지닌 통신망의 밀집도에 그대로 반영된다. 예를 들어 아프리카는 통신망이 아주 미약해서 이 지역은 주변화되어 있다. 그렇지만 조정을 하는 중심부들(선진국)과 발전을 하고 있으며, 강대국들과 경쟁을 벌이는 주변부 국가들(개발도상국) 사이의 상호 의존도가 점점 더 증가하고 있는 것 또한 사실이다.

아무튼 세계화는 분명 질적인 변혁이다. 철도에서 비행기로의 전환은 단지 기술적인 변천에 불과하다. 교역의 국제화 단계에서는 국가들간의 대화가 존재했다. 그러나 글로벌화는 국가의 한계를 벗어나는 힘의 작용에 일방적으로 당하고 있는 국가의 통제를 벗어나 있다. 그렇지만 이런 국가간의 증가하는 상호 의존성에도 불구하고 국가간의 사회-경제적인 또는 문화적인 차이는 여전히 크게 존재하고 있다.

B. 두 개의 서로 다른 속도로 이루어지는 커뮤니케이션

'지구촌'이라는 개념의 창시자인 마셜 맥루언 그 자신도 지구촌에 두 개의 서로 다른 속도를 지닌 커뮤니케이션망이 형성될 수 있다는 두려움을 감추지 않았었다. 고립된 지역들은 현대적 장치들을 갖고 있지 않다. 전세계 모든 사람들이 인터넷을 이용할 수 있는 것은 아니다! 프랑스의 경우, 전 가정의 15퍼센트만이 개인 컴퓨터를 지니고 있다. 이론적으로는 그 어떤 사람도 기술 장비가 제공하는 엄청난 양의 자료와 영상을 이용할 수 있다. 그러나 실제로는 아직도 수많은 사람들이 이 통신 수단으로부터 소외되어 있다. 2000년이 되면 전세계 인구 중 약 3억 명이 인터넷 사용자가 될 것으로 예측된다. 이는 전세계 인구의 6퍼센트에 해당한다. 책의 대중화가 문맹자를 완전히 퇴치시키지 못한 것처럼 인터넷은 기술 발달의 불평등한 보급 현상을 더욱더 심화시킬 것이다. 미국 인구의 94퍼센트가 전화를 소유하고 있다면 소말리아의 경우, 이 비율은 4퍼센트이고 수단의 경우는 0.3퍼센트에 지나지 않는다. 그러므로 도시화되고 장비가 잘 갖춰진 중심부들 사이사이에는 일종의 '공동(空洞)' 들이 존재한다. 예를 들어 인터넷과 같은 현대적 통신 수단은 주변화된 지역들을 소외시키고 있다. 마르셀 메를르가 쓴 것처럼 이 변화는 "문화적 사막에 닦은 고속도로라는 결과에 이르게 될 것이다."

이처럼 기술의 발전은 두 가지 얼굴을 지니고 있다: 한편으로는 '지구촌'으로 단일화되어 가고, 또 한편으로는 기술의 보급이 상대적이고 아주 불평등하게 이루어진다.

3. 폭력의 세계

A. '포스트냉전 시대'

세계화는 획일화시키는 경향 외에도, 특히 빈곤국가들 가운데에서 수많은 갈등을 낳게 한다. 바로 그런 문맥에서 '전쟁중인 제3세계'라는 말이 나왔다. 맥나마라가 강조한 것처럼 1960-1980년 사이에 "38개의 빈곤국가 중에서…… 32개 나라가 심각한 분쟁을 겪었다." 1996년 한 해에도 50개의 분쟁이 전세계에서 벌어졌다. 1945-1990년 사이에 전세계에서 분쟁으로 희생된 사람의 수는 3천만 명으로 추산된다. 지난 40년간 아프리카는 서른다섯 번의 분쟁을 겪어야만 했다. 아프가니스탄에서는 70만에서 1백만 정도의 사람이 살해되었다. 냉전이 종식된 이후로 민족주의가 발호하였고 이는 구유고연방에서부터 체첸·코카서스 지방·팔레스타인에 이르기까지 지구 곳곳에서 난폭한 분쟁을 야기시켰다. 다양한 민족으로 구성되었던 구소련은 붕괴되었다. 갈등의 분출은 옛 공산주의 국가에서 뿐만 아니라 많은 빈곤국가 지역에서 일어났다. 이런 분쟁들은 대개가 이제 더 이상 국가 대 국가의 전쟁이 아니다. 그리고 이런 분쟁들은 기존 국가들의 체계를 뒤흔들어 놓는다.

B. 구멍 뚫린 국경

내전은 국가를 총체적으로 불안정하게 만든다. 유엔도 한 국가 내부에서 벌어지는 골육상쟁 앞에서는 속수무책이다. 이런 종류의 갈등은 그 원인에 따라서 몇 가지 유형으로 분류할 수 있다:

— 민족주의 전쟁(타물, 보스니아 또는 세르비아).
— 인종 전쟁(르완다, 소말리아).
— 이슬람 국가들의 국경에서 일어나는 종교 전쟁.
— 혁명적 성격의 전쟁(멕시코의 치아파스).

시장 경제는 많은 분쟁을 야기할 수 있다: 범죄 조직들이 한 지역의 부(마약, 상아, 고가의 목재, 유물 등)를 차지하고 그것을 지배하려고 할 수 있다. 이런 약탈의 논리는 분자화(分子化)를 야기하는 한 요인이 된다: 세계화는 이에 간접적으로 기여한다. 왜냐하면 강대국들의 지지를 잃은 무장 집단들이 그 나라의 가치 있는 모든 것들을 차지하기 때문이다. 이렇게 이중의 움직임이 일어나고 있다: 한편에서는 '지구촌'의 단일화가, 또 다

른 한편에서는 아주 국지적인 분쟁의 양산이 동시에 일어나고
있다.

3
기술에 의한 통합

1. 끊임없는 변화

A. 기술의 '눈덩이' 효과

오늘날 기술 혁신은 경제를 지탱하는 기초가 되었다. 새로운 상품들이 연이어 나와 '옛 상품들'을 대신하고 있고, 상품의 '생명'은 그만큼 짧아지고 있다. 소비자들은 점점 더 까다롭게 된다. 그리고 상품은 그들의 요구를 만족시켜야만 한다. 물론 관계된 상품의 분야가 마이크로프로세서(마이크로컴퓨터에서 연산 기능을 하는 부품)든, 생화학 분야든, 멀티미디어 분야든 간에 다 마찬가지이다. 1960년대에 레이몽 베르농은 다음 세 단계로 나누어지는 상품의 '생명 주기'*가 있다는 것을 잘 증명했다: 품질의 극대화, 판매의 극대화, 쇠락. 그러므로 한 제품의 판매에는 다음 세 단계가 존재한다:

— 기술 혁신, 즉 발견이라고 말할 수 있는 품질의 극대화. 그러나 이를 실용화한 제품이 팔리게 될지 여부를 알기는 어렵다.

— 산업화(또는 성숙) 단계: 생산된 재화가 가장 잘 팔리는 시기이다.

— 모든 기업들이 이 기술을 만들거나 사용할 때 안정화 또는 성숙화의 단계가 나타난다. 바로 그때 이 제품은 판매량에 있어서 최고점에 이른 것이고, 다른 제품들이 서서히 이 제품을 대체하기 시작한다.

레이몽 베르농이 이와 같은 상품의 '생명 주기'*를 제시한 이후로 상황은 많이 변했다. 그러나 기업들이 시장을 정복하기 위해서는 끊임없이 기술 혁신을 해야만 한다는 사실만은 여전히 분명하다. 그런데 과학 발전에 기반을 두는 기술은 이론적인 발견과 일반 대중들을 위한 실용화 사이에 종종 20년 정도의 시간을 요한다. 연구비는 계속 증가하고 실용화가 늘 보장되는 것은 아니다. 그럼에도 불구하고 다양한 산업 혁명 이래로 계속된 기술의 발전은 노동 세계와 사회에 심대한 결과를 가져왔다. 제2차 세계대전 이후로 많은 사회들이 소비 사회로 진입했고, 또 평균 생활 수준이 올라감으로써 생산은 첨단 기술을 요하게끔 되었다. 특별히 이런 변화는 지난 시대의 변화와는 아주 다른 것이다: 기술은 끊임없는 유동성을 지니고 있고, 인간·기업·제품의 이에 대한 적응은 필수불가결한 것이 되었다. 그리고 각 경제 분야는 발전의 요구에 대해서 크건 작건 순응할 수 있다. 그렇지만 농업은 종종 기계화하기가 상대적으로 덜 용이하다.(질 높은 포도의 재배) 반면에 제조업의 경우는 그렇지 않다.

중요한 사실은 20세기말이 지니고 있는 중요성에 있다. 멘

치는 다음과 같이 평가한다: "모든 근본적인 기술 혁신의 3분의 2가 1989년 전후 10년 동안 일어날 것이다." 국가와 기업들은 이제 시장을 지배하기 위해서는 기술적으로 앞서야만 하고, 이 우월성에 기초한 기술적 격차를 끊임없이 유지해야만 한다는 것을 안다. 그러므로 세계화는 기업가들이 느끼는 불확실성을 더 크게 하고 끊임없는 문제 제기에 직면해 있는 노동자, 피고용자들의 불확실성 역시 더 크게 만든다.

B. 천문학적인 규모의 투자*

그러므로 기업들은 연구와 기술 개발(R & D)에 많은 액수의 돈을 투자하고 있다. 그렇지만 이는 이런 투자를 지탱할 만한 많은 이윤을 그 기업들이 내고 있기 때문에 가능한 것이다. 전세계 반도체 시장의 규모는 연간 2천8백억~3천5백억 달러에 이르고 멀티미디어 관련 산업의 시장 규모는 21세기초에는 5천억 달러를 초과할 것으로 보고 있다. 그렇지만 새로운 제품의 발견이라는 것이 법령을 반포하듯 그렇게 마음대로 이루어지는 것이 아니다. 그리고 "투자의 유입을 늘이는 것처럼 그렇게 기술 혁신의 유입을 늘릴 수 있는 것은 아니다."(루베르제) 그렇지만 과학 발견은 연구 및 기술 개발에 투여되는 비용의 수준에 비례한다. 미국에서는 이 비용이 국내 총생산*의 3퍼센트 가까이 된다. 그리고 기업들은 스탠퍼드·MIT·하버드와 같은 명성 높은 대학들의 도움을 받고 있다. 미국에서 인구 1천 명당 만들어지는 특허의 수는 30개이다. 반면에 유럽의 경우는 이 수치가 미국의 2분의 1 정도에 그친다. 그러므로 '경제 전쟁'은 이런 변혁을 동반하고 있고 기업들은 그들의 노하우와 기술적 발전을 계속 유지하려고 애쓴다. 그렇지만 기술의 발전은 전세계적으로 아주 불평등하게 이루어지고 있다. 이는 산업 선진국들과 소위 말하는 제3세계 국가들 사이에서 그럴 뿐만 아니라 개발도상국들 내에서도 그러하다. 세계화는 기술 이전의 문제와 기술 발견의 초국가화라는 문제를 제기한다.

2. 부유한 국가들의 우월성

A. 힘의 요인인 첨단 기술

연구와 기술 개발을 위한 비중 있는 연구소들은 주요 산업국가들에 집중적으로 배치되어 있다. 그래서 첨단 기술은 지구상의 3개의 중심부인 북아메리카 · 유럽연합 · 일본에 의해서 지배되고 있는 것이다. 이 세 중심부는 전세계의 과학적 잠재력의 90퍼센트를 보유하고 있다. 그러므로 이 강대국들은 서로가 직접적으로 라이벌 관계에 있고, 이 '보스들간의 싸움'은 항구적인 기술적 선두 다툼의 양상을 보여준다. 선진국들의 우위가 특히 돋보이는 것은 '선진 기술' 또는 '첨단 기술'의 분야이다. **하이테크**라는 용어를 정확하게 정의하기란 쉬운 일이 아니지만 대체로 사람들은 **하이테크**를 다음 세 가지 특징으로 정의하고 있다: 회사의 전체 인력에서 연구 인력이 차지하는 높은 비중, 제품의 세련도, 연구와 기술 개발에 투여되는 많은 비용. 이 결정적인 싸움에서 대만과 같은 '용'이라 불리는 신흥 산업 국가들이나 아시아의 '새로운 용'들은 무서운 경쟁자들로 떠오르고 있다. 개발도상국들이 여전히 연구에 관해서는 이를 주도해 나가는 선진국들에 의존을 하고 있지만, 탈국지화*는 종종 기술이전을 동반하며 이루어지고 있고, 신흥 산업국가들은 점점 더 앨빈 토플러가 말하는 '제3의 물결의 산업'에 스스로 진입하기를 요구하고 있다. 결론적으로 기술의 발전은 다음과 같은 근본적인 결과를 낳는다. 그것은 생산, 삶의 종류, 노동의 방법 그리고 여가를 단일화하는 데에 기여한다. 한 국가의 경제적 성장은 지식 분야에 있어서 그 국가가 맺는 결과에 달려 있다. 그래서 빌 클린턴 대통령은 자신이 늘 미국 내에 연구 및 기술 개발에 투여되는 투자액을 주시해 왔던 것이다(참고로 미국에는 1백만 명 이상의 연구자가 있다). 끊임없는 기술 혁신은 이제 의무 사항이 되었고, 각 국가는 자국의 핵심 산업을 보호한다. 진정한 경제 전쟁이 일어나고 있다. 왜냐하면 기술이란 군사적·정치적 힘의 원천 또한 되기 때문이다.

B. 정보 통신의 예

1980년대초부터 정보통신 분야는 거대한 지각 변동을 겪고 있다. 올리비에 돌퓌스가 강조하는 것처럼 "글로벌화를 가능하게 하기 위해서는, 광속으로 정보를 처리할 수 있는 케이블과 수신 장치, 그리고 정지 인공 위성의 설치에 토대를 두는 거시적 기술 체계가 필요했다." 전자 기술의 혁명은 정보통신 분야에 일대 변혁을 가져왔다. 산업 활동 이외에도 일반 사용자를 위한 서비스 분야가 빠르게 발전하고 있다. 오늘날 정보통신 분야의 전세계 시장 규모는 5천억 달러 이상이고 신흥국가들은 엄청난 양의 장비와 서비스를 필요로 하고 있다. 1980년대부터 시작된 정보통신 서비스의 자유화는 각 국가의 통신망들이 서로 통신할 수 있게 하는 전세계적으로 통합된 하나의 통신 체계가 구축되는 것을 가능하게 한다. 이 분야에 있어서 미국과 유럽은 분명한 우위를 점하고 있다. 그러나 시장 개방에는 다양한 제약이 따른다: 관련 '산업이 생산하는 장비, 사용자들을 위한 관련 서비스 산업, 인프라들간의 경쟁. 정보통신 분야의 주요 전문 그룹 회사들 중에서는 미국·유럽·일본의 그룹 회사들이 선두권을 형성한다. 상위의 15개 회사들 중에는 미국 회사가

전세계의 전자 장비 생산액

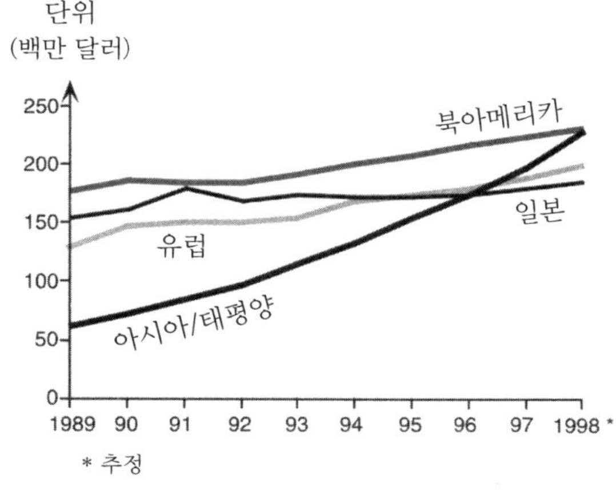

10개나 포함된다. 그렇지만 매출액 규모가 가장 큰 회사는 일본의 NTT이고 두번째는 미국의 ATT이다. "기술은 세계화를 만들어 내고 무역에 기초한 거미줄과 같은 세계를 만들어 낸다."(장 겔렉) 그렇지만 산업에서 있어 이런 '제3의 물결'의 능력을 지닌 회사만이 시장을 지배할 수 있고 상품을 팔 수 있다. 1975년 마이크로소프트사를 세운 빌 게이츠가 오늘날 전세계에서 가장 부유한 사람들 중 하나이고, 해외 여행시 국가 원수와 같은 대접을 받고 있는 것은 결코 우연한 일이 아니다.

4

변화하는 노동

1. 유연성과 유동성

A. 높아지는 노동 생산성*

    기술의 발전은 생산성의 향상을 가져온다. 생산성이란 재화나 용역의 생산과 이 생산에 필요한 제 요소들의 합 사이의 비율을 말한다. 생산성의 향상은 경제 성장*을 촉진시킨다. 그러나 생산성을 향상시키기 위해서는 값비싼 장비와 기계들, 그리고 인력의 양성이 필요하다. 19세기초에는 약 10억 명의 사람이 현재 통화 가치로 4조 프랑[5]의 재화를 창출했다. 1990년대 초에는 54억 명의 노동자가 1백65조 프랑의 재화를 창출한다. 나라마다 이런 생산성의 향상이 가져다준 이익이 다양하게 사용되었다. 이것은 임금을 인상하게 했고 노동 시간을 단축시켰으며 생산을 증대시켰다. 한 나라의 임금은 그 나라의 노동 생산성과 비례한다. 그리고 오늘날 빈국과 부국들 사이에는 생산

---

5) 1프랑은 약 180원. 〔역주〕

성의 격차가 심대하게 벌어져 있다. 예를 들어 1990년대에 미국의 시간당 생산성은 1백72프랑이고 독일은 1백63프랑이었다. 반면에 중국은 16프랑이고 인도는 9.3프랑이었다. 이와 아울러 중요한 문제는 생산성의 향상이 가져다준 이익이 임금 노동자들에게 얼마나 돌아가느냐는 것이다. 재계의 사람들이 기본적으로 지향하는 목표는 투자된 자본*에서 최대한의 이익을 산출해 내는 것이다. 그렇지만 세계화에 직면해 있는 임금 노동자들의 걱정은 (이는 특히 유럽의 임금 노동자들의 경우가 더욱 그러한데) 노동 시장이 끊임없이 변화하고 있다는 점이고, 또 재화의 산출이 계속적으로 증대되고 있지만 그것의 분배가 아주 불평등하게 이루어지고 있다는 사실이다. 한편 유동성은 이제 하나의 규칙처럼 되어 버렸다: "새로운 생산품, 새로운 과정, 새로운 시장."(밀로 · 트리비) 이제 기술은 판매의 필요성과 시장의 정복에 종속되어 버렸다.

B. 남북 간의 경쟁

세계화는 특히 생산 요소들(천연 자원 · 노동 · 투자* · 노하우 등)의 끊임없는 유동성으로 특징지어진다. 그래서 모든 국가들, 모든 지역들 그리고 모든 도시들은 더 많은 일자리를 유인하기 위해 서로 경쟁을 벌인다. 기업들은 끊임없이 투자의 위험도를 계산하므로 언제든지 그들의 생산 정책을 수정할 수 있다. 제너럴일렉트릭사의 총수 잭 웰치는 다음과 같이 말한다. "경영자는 자신의 차를 멈추지 않고서도 바퀴를 바꿀 줄 아는 사람이다.” 다시 말해서 기업은 끊임없이 변화에 적응을 해야 하며, 또 그것이 피고용자의 수와 고용이 이루어지는 장소를 결정하는 데에 미치는 결과는 아주 심각한 것이다. 이제 기업이 새로운 생산 거점을 찾는 작업은 전세계를 무대로 하여 이루어지고 있다. ‘탈국지화’*는 기업이 전세계를 무대로 하여 생산 거점을 다양화하려는 노력을 나타내는 표현이다. 그래서 바이스만 (1993)이 말한 것처럼 “일자리는 여권도 없이 광속도로 전세계를 여행하고 있다.” 세계적인 운동용품 회사인 나이키는 총 생산품의 99퍼센트를 아시아에서 생산하고 있다. 프랑스의 유통 그룹 카르푸사는 점포의 55퍼센트 이상을 외국에 두고 있다. 이런 상황 속에서 기업들은 생산이 가장 효율적으로 이루어질 수 있고 가장 발전 가능성이 큰 시장을 지닌 곳을 찾아가서 그곳에 정착을 한다. 바로 이런 이유로 전통적인 선진 공업국가들은 값싼 노동력을 제공하는 나라들을 새로운 ‘경쟁 대상’으로 받아들여야 하는 고통을 겪는다. 실제로 문제는 이보다 한층 더 복잡하다. 그러나 어찌하든 선진국과 개발도상국 간의 노동 비용의 차이는 너무나 괄목할 만하다. 새로운 사실은 이런 남-북 간의 대립만이 아니다. 선진국들은 경쟁적으로 생산성*을 더 높이기 위해서 일종의 전쟁을 치르고 있기 때문에 그들 간의 경쟁 또한 점점 더 치열해지고 있는 것이다. 게다가 세계화는 전문 노동과 비전문 노동 간의 대립을 점점 더 심화시키고 있다: “전문 노동 인력이 선진국에는 풍부하게 있지만 전세계 차원에서는 전체 노동 인력 중에서 소수를 점유하고 있다. 그리고 교역이 증대됨에 따라 전문 노동 인력들만이 이익을 누리고 있으며, 반대로 비전문 노동 인력들은 손해를 보고 있다. 왜냐하면 신흥 공업국가들의 도래는 이런 비전문 노동 인력으로 하여금 이웃 나라의 훨씬 더 저렴한 전문 노동 인력과 갑작스레 경쟁을 벌이게끔 만들어 놓았기 때문이다."(피사니-페리, 1996)

2. 후기 산업사회?

A. 세 종류의 직업

하버드대학 교수인 로버트 라이히는 자신의 유명한 저서에서 '세계화된 경제'와 관련을 맺고 있는 직업들의 유형을 제시했다. 그에 의하면 미국에는 다음 세 부류의 직업군(群)들이 이런 직업 유형으로 존재한다:

— 첫째로, 일상적인 생산에 관련이 있고 소위 말하는 반복 작업을 하는 직업들이 있다. 이런 직업은 비전문 노동자들을 포함할 뿐 아니라 컴퓨터를 사용한 정보 입력자나 비서 등과 같이 끊임없이 단순한 동작을 계속해야 하는 직업들을 포함한다. 이런 직업은 주로 파트 타임이 많고 보수가 좋지 않다. 미국 노동 인구의 4분의 1이 이 부류에 속한다.

— 두번째 부류는 '개인 서비스' 직종이다. 그러나 라이히는 이부류 속에 서로 비교하기가 어렵고, 대개는 특별한 자격증을

요하는 직업들(스튜어디스·간호사·웨이터 등)을 포함시킴으로써 이 부류를 일종의 잡동사니 창고로 만들어 버렸다. 미국의 노동 인구 중 약 30퍼센트가 이 부류에 속한다.

— 끝으로 세계화의 시대에 가장 매력을 끄는 세번째 부류의 직업들이 있다. 이 부류에 속하는 직업인은 '상징의 조작자들'이다. 이런 거친 표현은 이 직업군의 사람들이 실제적으로 생산을 하지 않으면서도 가치를 창출하기 때문에 생겨난 것이다. 이 부류에는 고급 정보기사·변호사·엔지니어·예술가 또는 금융가들이 속한다. 미국의 노동 인구 중 약 20퍼센트가 이 부류에 속한다.

물론 이밖에도 광부나 농부 등, 앞의 직업군에서 빠져 있는 직업들이 존재한다. 그러나 앞의 분류는 아주 중요한 하나의 사실을 드러낸다: 이제 각 노동자는 그가 어느 나라 사람이든 간에 **전세계적 차원의 경쟁 구조** 속에서 지구상의 다른 모든 노동자들과 직접적인 경쟁을 벌여야 한다는 것이다. 즉 이는 능력이 부족한 노동자는 외국의 임금이 더 싼 어느 한 노동자에게 자신의 직업을 빼앗길 위험이 있다는 것을 의미한다. 반대로 '상징의 조작자'들의 가격은 부르는 게 값이 되었다. 그리고 기업들은 끊임없이 그들의 고용 인력을 바꿔치기하면서 전세계를 무대로 그들에게 가장 유익한 인력을 찾는다. 그러므로 노동은 끊임없는 변화 속에 있으면서 불안정한 것이 되었고, 이제 2차 산업과 3차 산업 사이에는 새로운 관계가 설정되었다.

B. 3차 산업 사회

클라크와 푸라스티에 이래로 우리는 1차 · 2차 · 3차 산업이라는 고전적인 직업의 삼분법을 사용하고 있다. 푸라스티에에의하면 3차 산업은 교육 · 상업 또는 서비스업과 같이 생산성*의 이익이 제한되어 있고, 기술적 발전이 미미한 활동을 포함하고 있다. 실제로 정의하기가 아주 복잡한 3차 산업은 정보과학과 같은 분야의 기술적 발전으로부터 크게 이익을 얻고 있다. 사실 서비스 분야와 제조 산업 분야를 구별하기는 거의 불가능할 정도로 그 구분이 미묘하다. 그래서 사람들은 '서비스 분야'와 의사결정권자 · 경영자 · 정치인 등을 포함하고 있는 '지배의 3차 산업'을 구분하기에 이르렀다. 핵심적인 사실은 오늘날 3차 산업 분야가 증가하고 있다는 사실이다. 이는 결코 새로운 사실은 아니다. 그렇지만 이런 경향은 중요한 결과를 낳는다. 이 분야가 지니는 경제적 '무게'는 실로 크다. 오늘날 프랑스는 비제조업 분야가 총 부가 가치의 75퍼센트 정도를 창출하고 있다. 제조업은 늘 추진적인 역할을 담당한다. 그러나 2차 산업이 그 분야에 '화이트칼라'들이 대거 들어옴으로써 3차 산업화되고 있다면 3차 산업 역시 그것이 정보과학 · 사무자동화 · 첨단 장비와 같은 기술적 차원의 요소들에 점점 더 의존하게 됨에 따라서 2차 산업화되고 있는 실정이다. 참고로 프랑스에서는 오늘날 2백50만 명 이상의 노동자가 서비스업 분야에서 일을 하고 있다. 1970년대 다니엘 벨이 한 말처럼 '후기 산업화'

의 시대에 우리가 접어든 것인가? 아무튼 세계화는 노동 시장을 심대하게 바꿔 놓고 있으며, 그럼으로써 유럽 사람들을 걱정스럽게 만들고 있다. 그러므로 세계화가 행하는 진정한 역할이 무엇인가 하는 질문을 스스로에게 제기하기 이전에 학생들은 다음과 같은 사항을 준수해야만 한다. 그것은 ‘경제적 공포’에 관해 요란하게 떠드는 극단적인 저서나 글들에 현혹되지 말고 가능한 한 최대한 객관적인 태도를 견지하라는 것이다. 그리고 “단순한 모든 것은 다 틀린 것이다”라는 폴 발레리의 충고를 항상 명심해야 한다.

주요 산업국가들의 실업률 (활동 인구 가운데에서의 백분율)			
	1976	1985	1993	1997(1)
유럽연합	5.0	10.5	10.9	10.9
미국	7.6	7.1	6.9	5.3
일본	2.0	2.6	2.5	3.3
서독(2)	3.7	7.1	7.9	9.6
프랑스	4.4	10.2	11.7	12.5
이탈리아	6.6	9.6	10.2	12.2
영국	5.6	11.2	10.4	7.4
전체 선진국 평균	5.4	7.8	8.0	7.5

(1): 제 1/3 분기
(2): 1990년 이후는 통일 독일의 수치

5

문제의 글로벌화

1. '경제적 공포'

A. 필수 불가결한 방법

'글로벌화'를 어떻게 해석할 것인가라는 미묘한 문제에 접근하기 위해서는, 세계화의 주요 요인들을 판단하고 분석하기 위한 방법을 결정하는 것이 필요하다. 지리학·역사학·경제학 또는 사회학같이 소위 말하는 '연성'의 인문과학 분야에서는 명약관화한 증거를 대기가 아주 어렵다. 그리고 수많은 이론들이 존재한다. 예를 들어 실업에 관한 연구는 단순한 작업이 아니다. 여러 학파들이 이에 대해서 종종 서로 상충되는 설명을 제기하고 있다. 학생은 모든 연구자들이 그가 교수이건 기자이건 논쟁가이건 간에 하나의 이데올로기, 하나의 문화, 하나의 정치관에 사로잡혀 있다는 것을 알아야 한다. 그러므로 그 누구도 객관적일 수는 없다. 이런 조건 속에서 학생은 다양한 결론 그리고 다양한 **해석**이 존재함을 보이는 것이 바람직하다. 그렇게 함으로써 학생은 자신이 다양한 가설들을 알고 있다는 사실을 보여줄 수 있다. 그런 가운데에서 그는 조심스럽고도 신중하게 그런 가설들 중에서 어느 하나를 자신이 더 선호함을 논증적인 방식으로 첨가할 수 있다. 그러므로 이런 일반적인 언급은 세계화에 직면한 사람들이 느끼는 주관적인 반응이나 혼란의 감정을 이해할 수 있게 해야만 한다. 이런 주관적 반응이나 감정들은 대개가 이해할 만한 것들이다. 그렇지만 그 중에는 근거 없는 것들도 존재한다.

B. 이해할 수 있는 고통

세계화를 주제로 삼고 있는 책들은 세계화와 세계의 미래에 대해서 때로는 최상의 시나리오를 제시하기도 하고, 때로는 최악의 시나리오를 펼치기도 한다. 이런 책들 중 몇몇은 그 제목만 봐도 이 두 시나리오 중 어느 쪽을 택하고 있는지를 알 수 있다. 프랑스에서 특히 큰 반향을 일으킨 책 《경제적 공포》는 말할 것도 없고 《세계화의 비참》(1996), 《노동의 종말》(1996), 《대불황의 회귀》 등이 그러한 책들에 속한다. 노동 세계의 변화는 오랜 전통의 산업국가들을 두려움에 떨게 하고 있으며, 일자리를 빼앗아 가는 기계에 대한 해묵은 공포심이 다시금 소생하고 있는 것을 보게 한다. 19세기에 이미 영국의 노동자들은 작업에 필요한 기자재들을 부쉈고 로마 시대부터 노동자들은 기계가 자신들의 일자리를 빼앗아 간다고 말했다. 1960년대에 장 푸라스티에는 《20세기의 위대한 희망》이란 책에서 인간이 지니고 있는 이런 기술에 대한 두려움을 아주 잘 분석했다. 그는 기술이 인간을 비천한 노동으로부터 해방시켰고, 그래서 인간으로 하여금 '인간적인 것에만 집중하도록,' 즉 지적이거나 예술적인 작업, 즉 3차 산업에 집중하도록 허락했다고 말한다. 전문 기술이 없고 서구식 민주주의를 교육받지 못한 노동자들의 경우는 큰 위협이 그들을 짓누르고 있으며 기술이 여러 일자리들을 빼앗아 가고 있다는 것은 분명 사실이다. 독일 뷔르츠부르크의 연구자들은 정보화가 3차 산업에 미치는 결과를 예측하는 연구를 했다. 이 연구 결과에 의하면 향후 10년 사이에 6백70만 개의 일자리가 없어질 것이다! 은행의 경우 80퍼센트의 일자리가 대체되고, 신용회사의 경우 약 61퍼센트의 일자리가 사라질 것이다. 왜냐하면 현금자동인출기와 전자 결재가 반복적인 행위의 노동을 하는 비전문 노동 인력을 필요없게 만들어 버리기 때문이다. 그러므로 3차 산업은 제2차 세계대전 이후 제조업이 그랬던 것처럼 현재 실업의 위협에 처해 있다.

C. 근거 없는 고통?

그렇지만 이런 비관론적인 태도는 상대화시킬 필요가 있다. 왜냐하면 이데올로기에 따라서 그리고 국가에 따라서 반응은 아주 다양하기 때문이다. 미국의 경우, 비록 아주 다양한 태도들이 존재하지만, 기본적으로 영미식의 자유주의 모델과 각 나라로 하여금 새로운 경제적·기술적 환경에 적응할 수 있게 하는 노동의 '유연성'을 옹호하는 입장을 취한다. 1995년 개발도상국들은 1천억 달러 이상의 투자를 유치했고, 아시아에서

남아메리카에 이르기까지 부분적으로 풍요의 '지역'이 생겨나고 있다. 전세계에 존재하는 일자리 전체의 수는 줄어들지 않을 것이다. 아마도 향후 1세기 동안은 적어도 그럴 것 같다. 그러나 문제는 각 국가가 새로운 환경에 적응하여 스스로를 변화시켜야만 한다는 것이다. 그러므로 '노동의 종말'(제레미 리팽이 쓴 책의 제목)이나 자본주의와 금융이 일자리를 모두 '죽여 버린다'는 '제3차 세계대전'을 이야기하는 것은 분명 과장된 것이다. 1991년 이래로 미국에서는 8백만 개 이상의 일자리가 새로 창출되었고, 유럽연합에서는 5백만 개의 일자리가 사라져 버렸다. 그러므로 세계화는 특히 아시아 지역에 있어서는 성장*에 도움을 준다. 이 지역에서는 노동에 관한 이런 효과들이 무역의 발전, 하청 등으로 인해 긍정적으로 작용한다. 아무튼 글로벌화는 긍정적인 효과와 부정적인 효과를 함께 지니고 있으며 글로벌화 현상에 대한 다양한 **해석**들이 존재한다. 즉 미래를 바라보는 시각이 아주 다양하게 존재한다.

2. 네 가지의 가능한 설명

A. 자본과 노동의 대립

CEPII(프랑스 국제정보-국제전망 연구소: Centre d'études prospectives et d'informations internationales)의 소장인 장 피사니-페리에 의하면 세계화는 다양한 방식으로 설명될 수 있다. 첫번째 것은 신(新)마르크스주의식의 설명인데, 이는 자본과 노동의 대립이라는 오래된 주제를 다시금 동원한다. 이 설명에 의하면 자본 이전(移轉)의 놀랄 만한 증가와 금융의 탈규제화는 자본 소유자들에게 가장 큰 이익을 가져다주면서 동시에 일자리가 사라지게 만들고 있다는 것이다. 그래서 자본 소유자들은 이제 전세계의 임금 노동자들을 자기 마음대로 부리게 되었고, 가격 경쟁 체제를 자신들의 이익을 위해서 이용할 수 있게 되었다는 것이다. 이런 자본의 세계화는 다국적 기업들과 함께 국가와 노동자들로 하여금 주어진 조건에 적응하도록 강제하고 구속하고 있다는 것이다. 또 국가는 경쟁력*이라는 게임을 할 수밖에 없기 때문에 사회 문제에 대해서 판결을 내리고, 또 임금을 규제하던 고유의 권한을 잃고 있다는 것이다.

B. 부국들의 연합

두번째 설명은 부유한 나라들과 가난한 나라들 사이의 대립에 강조를 두고 있다. 계층간의 대립이 아닌 국가간의 대립은 진정한 의미의 경제 전쟁 바로 그것을 의미하는 것이다. 시장의 법칙은 모든 나라들에게 점점 더 많은 속박을 가하고 있다. 경제 부국들은 이제 빈국들과 신흥 공업국들에게 속박을 가하고 있다. 이들 중 몇몇 국가들은 저임금 국가들에게 유럽의 실업에 대한 책임을 묻기까지도 한다. 역설적이지만 세계화는 민족주의적 반작용과 유럽연합과 같은 세계적 경제 지역권의 형성을 동반하고 있다. 경제적 '애국주의'가 세계화에 대항해서 나

타나고 있다. 국가와 국경선의 소멸에 대해 여러 담론이 있음
에도 불구하고 다국적 기업들까지도 여전히 국적을 갖고 있다.
엘리 코헨은 각 기업이 그 기업의 고유한 기업 문화를 통해서
하나의 국가에 깊이 연루되어 있다는 점을 강조했다. 그러므로
각 국가는 이 경제 전쟁 속에서 각 국가가 소유하고 있는 기업
들을 지지하기 마련이다. 게다가 국가는 시장을 정복하는 일에
있어서도 중요한 역할을 담당한다. 1996년 미국의 상원의원 윌
리엄 코헨은 미국 영토 밖에서 미국의 이익을 해할 의도를 갖
고 있는 것으로 여겨지는 모든 자연인과 법인을 미국법에 의해
서 심판할 것을 제안하는 법안을 만든다!

C. 노동의 폭발

많은 경제학자들에 의해서 받아들여지고 있고 정치가들이 선
호하고 있는 또 다른 설명은 전문 노동자와 비전문 노동자 사
이의 분열이란 현실에 그 기초를 두고 있다. 돌퓌스처럼 세계
화는 한 국가의 내부에서 배제가 일어날 수 있는 모든 차원에
서 배제를 만들어 내고 있다고까지는 말하지 않더라도 외부적
인 속박은 임금 노동자 세계를 분열시켜 놓고 있다. 바로 이런
경우에 정부는 마땅히 해야 할 역할이 있다. 왜냐하면 자국의
활동 인구를 더 잘 훈련시키고 국토를 개발하고 사회 간접 자
본을 발전시키며 새로운 세계 체제가 주는 어려움에 맞서서 가
장 취약한 사회적 부류의 사람들을 보호해야 하는 것이 바로 국
가이기 때문이다. 분명 이상의 세 이론들은 실제적 사실에 기초

해 있다. 그리고 모든 사람들은 현재라는 변천의 시기가 살아
가기도, 설명하기도 힘든 시기라고 생각하는 데에는 한결같이
의견을 같이하고 있다.

D. 문화적 충격

마지막 설명은 지금까지의 것들과는 아주 성격이 다른 것이
지만 여전히 현실을 반영하고 있는 설명이다. 세계화는 다양한
문화들 사이의 관계를 증대시켰다. 그리고 이 문화들간의 교류
는 종종 갈등적인 성격을 띤다. 한편에서 기술과 경제 기구들
이 세계를 단일화시키는 요인들로 작용하고 있고, 또 다른 한
편에서는 여러 민족주의들과 다양한 문화적 가치들이 서로 대
립하고 있다. 미국의 정치평론가 사무엘 헌딩턴은 이 '문화적
충격'을 20세기말을 가장 잘 특징짓는 특징이며 하나의 진정한
전쟁으로 보는 데에까지 간다. "세계화의 경향은 문화들 사이의
갈등이 사라짐을 의미하지는 않는다. 오히려 그 반대로……"라
고 북경대학교의 구안 시지에가 강조한 것처럼, 몇몇 나라들이
자국의 문화적 특수성을 들고 나오는 의도 뒤에는 정치적 또는
경제적 이익이 숨어 있다. 아시아는 자신의 정체성을 강하게 주
장하고 있다. 그러나 역설적으로 미국식 생활 양식은 할리우드
영화, CNN, 맥도널드 햄버거, 리바이스, 코카콜라 등을 통해
서 계속 유입되고 있다. 서구 세력들이 그들의 기술이나 힘과
관련이 있는 어떤 형태의 세계화를 발전시키면 시킬수록 정체
성을 부르짖는 반작용은 더욱 거세게 일어날 것이다. 그리고

"아시아가 더욱더 아시아화될수록, 이슬람 세계는 통합된 이슬람의 목소리를 더욱더 높여 갈 것이다……."(바디에)

6

1989년: 역사적 전환점

1. '기권승'을 거둔 승리자

A. 벽의 붕괴

베를린 시를 두 지역으로 갈라놓은 '치욕의 벽'은 제2차 세계대전이 끝난 이후로 동유럽과 서유럽을 갈라놓은 '철의 장막'을 상징적으로 표현하는 것이었다. 1989년 11월 9일 밤부터 10일 사이에 시작된 이 베를린 장벽의 해체는 국제 사회에 새로운 장을 열어 놓았다. 그때까지 공산주의 체제는 유럽의 지식인들과 제3세계 국가들에게는 종종 하나의 모델이나 전범(典範)을 이루고 있었다. 1982년 장 라드바니는 '자본주의 세계의 위기'를 목도하고 있는 우리에게 "소련의 경험은 늘 근본적인 흥미와 관심의 대상이 되고 있다"라고 쓸 수 있었다. 그러나 1991년말 소련은 독립된 새로운 여러 개의 국가를 탄생시키면서 사라진다. 그리고 다른 인민 민주주의 국가들도 자유주의 국가로 탈바꿈하게 된다. 그렇지만 이런 국가들이 각자 처한 상황은 저마다 다르다. 그리고 이제 제기되는 질문은 수십 년 동안 사회주의 체제 속에 있었던 나라들이 어떻게 자유주의 체제로 바뀔 수 있을까가 되었다. 아무튼 분명한 건 동서 대립이 종식되었고, 몇몇 드문 예를 제외하면 자유주의와 민주주의 승리로 냉전은 끝이 났다는 것이다.

B. 전세계적 개방

중앙 유럽에 위치한 구소련은 이제 국제 무역에 문호를 개방하려고 한다. 그리고 베트남이나 중국 같은 나라들은 사회주의 정치 체제는 유지하지만 경제 분야에 관해서는 새로운 태도를 취하려 하고 있다. 1992년 덩샤오핑은 중국이 "자본주의를 도입하면서 외부 세계에 문호를 개방해야만 한다"고 역설한다. '시장 사회주의'라는 이런 개념은 경제의 세계화로 향하는 꺾을 수 없는 변화의 흐름을 잘 보여주고 있다. 여전히 '인민 민주주의' 체제를 지니고 있는 베트남은 주요 원조자였던 소련이 붕괴되자 1991년부터 시장 경제 체제로 방향 전환을 한다. 이제 국제 경제 체제가 재구축되면서 국제 관계의 진정한 혁명이 함께 이루어질 것이다.

2. 글로벌한 사고

A. 자본주의*와 자유주의

우선 자본주의와 자유주의라는 두 개의 기본 개념을 분명히 정의하는 것이 필요하다. 왜냐하면 자본주의와 자유주의는 서로 다른 두 개의 실체이지만 이에 대한 오해가 흔히 있기 때문이다. **자본주의**란 다양한 의미를 지닐 수 있다. 그렇지만 거기에는 경제적 의미가 담겨 있다. 마르크시스트에게 있어서 자본주의란 부정적인 의미가 담겨져 있고 페루는 이것을 '투쟁의 단어'라고 여긴다. 요컨대 자본주의는 '돈을 만드는 장치'이고 기업 경제와 시장 경제에 기반을 두고 있다. 그러므로 자본주의는 독재적 정치 체제와도 얼마든지 양립할 수 있다. **자유주의**도 자본주의와 서로 관련을 맺을 수 있다. 그렇지만 이 둘은 어떤 경우에도 서로 동의어는 아니다. 자유주의는 '마르크시즘'과 마찬가지로 하나의 '포괄적인 사상'이라고 말할 수 있다.(레몽) 자유주의는 자유라는 개념이 그 체계의 중심에 있다. 왜냐하면 그것은 경제적 자유뿐 아니라 개인의 자유 그리고 민주주의를 전제로 하기 때문이다. 그러니 경제는 자유주의의 한 단면일 뿐이다. 그러므로 흔히 그러하듯이 "자본주의적인 모든 것을 자유주의라고 부른다거나 더욱 심각하게 사회주의가 아닌 그 모든 것을 자본주의라고 부르는 것"(보댕)은 잘못된 것이다.

B. 하나의 윤리이자 규칙 체계인 자유주의

다음의 세 구조가 자유주의 이데올로기를 특징짓는다:

— 자유 · 행복 · 부와 같은 가치들의 체계: 원동력.

— 규제를 하기 위한 사회 제도(민주주의): 형식.

— 기계 · 조직 등과 같은 생산 양식들.

그러므로 자유주의는 어떤 통일성을 지니고 있다: 개인의 이익, 자유, 경쟁, 개인의 자유. 또 경제적 측면에서는 다음의 네 가지 기본 원칙에 기초를 두고 있다: 사유 재산, 자유 경쟁, 기업이 차지하는 중심적 기능 그리고 돈. 그렇지만 이런 원칙의 배합에 따라서 아주 다양한 종류의 자유주의가 존재한다. 자유주의는 "각 민족의 문화에 따라서 저마다 미묘한 차이를 지녀서 마치 일곱 빛깔 무지개처럼 다채롭게 빛난다."(플라망) '영국식' 자유주의는 미국의 기업 문화와는 다르다. 그리고 프랑스의 자유-계획 체제는 독일의 모델이나 아시아의 '용'들의 모델과는 같지 않다. 지금 세계 경제를 지배하고 있는 자유주의는 역사에 따라서, 지리적 조건에 따라서 그리고 각 민족의 뿌리에 따라서 변화한다. 이런 다양한 자유주의들 사이의 심대한 차이는 자신의 모델을 전세계 속에 주입하고 발전시키려는 미국의 바람과 자주 충돌을 벌인다.

7

WTO(세계무역기구)

1. 반세기에 걸친 토론

A. GATT에서 WTO까지

1995년 1월 1일부터 GATT는 WTO로 대체되었다. 이 두 기구가 비록 세계 무역을 자유화하고 관세 장벽을 낮춘다는 같은 목표를 지향한다 하더라도 WTO의 창설은 역사적으로 아주 중요한 사건이고 또 WTO는 GATT와는 여러 면에서 차이가 있다. GATT는 원래 두 번의 세계대전 사이에 있었던 보호주의의 실수를 다시 범하지 않기 위해서 1947년 세계 27개 나라(전세계 무역량의 80퍼센트를 점유하는)가 체결한 협약이다. 실제로 이 GATT는 유연한 구조와 라운드라고 불리는 정기적인 모임을 갖는 일종의 '토론 기구'이다. 1995년에는 회원국 수가 1백 20개로 늘어난 GATT는 라운드라는 모임을 통해서 관세 장벽을 낮추거나 세계 무역의 질서를 유지할 수 있는 규칙들을 제정하려고 노력했다. 그러나 WTO는 이와는 아주 다른 성격의 기구이다. 우선 그것은 스위스 제네바에 본부를 두고 있는 상설 기구이다. 또한 그것은 무역 분쟁이 있을 경우, 이에 대한 판결을 내리는 재판 기구이기도 하다. 그러나 WTO는 이보다 더 큰 권한을 소유한다. 1994년 12월 15일에 조인을 한 WTO 문서는 향후 25년 동안 국제 무역 관계를 지배하게 될 기본 문서가 된다. 제2차 세계대전이 끝났을 당시 관세율은 여전히 40퍼센트 정도였다. 그러나 1993년에는 관세율이 불과 7퍼센트에 지나지 않는다. 목표는 21세기초까지 이것을 다시 5퍼센트 이하로 낮추는 것이다. WTO는 또한 무단 복제로부터 보호해야 할 발명 특허의 근본적인 역할을 고려하여 지적·예술적 소유권을 관리하는 임무 또한 부여받았다.

B. 개발의 가속화

WTO는 한마디로 발전이라는 이름의 철학에 지배를 받고 있다. 'GATT의 경제학자들'에게 있어서 국제 무역의 증가는 성장*을 이루기 위한 핵심적 요소이다. 그들은 2002년부터 자유 무역이 창출하는 경제적 이익이 연간 약 3천억 달러에 이를 것으로 예측하고 있다. 이들의 가설에 의하면, 1950-1973년 사이에 세계가 누렸던 유례없는 풍요의 요인은 바로 개방에 있었다는 것이다. 그리고 이 시기에 있었던 국제 교역의 증가는 수출 자유화에 기인되었다는 것이다. 그러므로 다자간 교역의 증가는 1973년 이후로는 한층 더 불규칙해진 경제 성장을 촉진시킨다. 결국 21세기의 세계 시장이 어떠할지를 아는 것은 어려운 문제이다. 다양한 상황들에 대처하면서 어떻게 지구의 경제를 단일화할 수 있겠는가가 관건이다.

2. WTO와 OECD의 시너지 작용

A. OECD: 융합의 용광로?

WTO 외에도 그 역할이 아주 핵심적인 두번째 기구가 있다. 그것은 바로 지구상의 가장 부유한 29개 나라들로 구성되어 있는 OECD라는 기구이다.[6] 이기구는 OECE라는 이름으로 1948년 창설된 후에 1960년 그 이름을 OECD로 바꿨고 본부는 파리에 있다. OECD는 다음의 세 가지 규약을 준수해야 하는 일종의 '폐쇄된 클럽'이다: 인권을 존중한다, 민주주의를 행한다, 시장 경제를 적용한다. WTO와 OECD 사이에는 밀접한 관계가 존재한다. 실제로 OECD는 세계화를 상징하는 기구가 되었다. 이 기구의 역할은 각 국가의 상황을 분석하고 자유 교역 이념의 가치를 널리 알리고 증진시키는 데에 있다. WTO가 교역의 규칙을 결정하는 일을 한다면 OECD 역시 사회적인 기능을 한다. 왜냐하면 각 국가는 경쟁에 질서를 부여하기 위해 만들어진 '좋은 관행의 규범'을 준수해야만 하기 때문이다. 1996년 OECD의 사무총장인 도널드 존스턴이 말한 바와 같이, 세계

---

6) 2004년 2월 현재는 회원국(슬로바키아)이 하나 더 늘어 30개국이 있다. [역주]

화는 사회적 긴장과 불평등을 낳을 수 있다. 특히 불평등은 여기서 반드시 지적해야만 한다. 왜냐하면 미국에서는 1980년대에 성장*이 가져다준 이익의 3분의 2가 인구의 1퍼센트에 해당하는 사람들에 의해서 독식되었기 때문이다.

B. 방해물은 여전히 있다

OECD의 경제 전문가들이 큰 경제적 혜택을 줄 것으로 기대하며 제시하는 방법은 실제 적용 단계에서 어려움에 부딪힌다. 경제 발전을 이룩하기 위해서 사용되어야 하는 경제적 방법의 단일화에 맞서서 여러 국가의 다양한 반응이 생겨난다. 그리고 이 다양한 반응은 각 국가의 다양성을 반영하는 것이다. 긴장과 내전이 지배하는 지역은 어떻게 발전시킬 수 있을까? 이 점에서 다음과 같은 사실을 지적한 파이의 말은 옳다고 여겨진다: 사람들은 특별한 치료책을 필요로 하며, 경제적으로 피폐한 지역을 잊은 채 늘 '경제적 성장이 역동적으로 일어나는 지역'에만 관심을 쏟는다. 레스터 서로우의 다음 지적 역시 옳은 것이라고 여겨진다: "교역의 규칙은 세계에서 가장 큰 시장으로의 진입을 제어할 수 있는 사람들에 의해서 만들어진 것이다."

8

무역의 폭발적 증가

1. 생산 활동보다 더 빠르게?

A. 증가하는 수출률

교역의 아주 높은 성장률은 세계화의 또 다른 양상이다. 1959-1980년 사이에 교역은 8배 증가했으나 1970-1995년 사이에는 수출 총액의 증가율이 무려 1천5백80퍼센트를 초과했다! 실제로 교역의 증가율이 생산의 증가율보다 더 높았다. 교역은 연평균 7퍼센트 성장했으며 생산은 연평균 5퍼센트 성장에 그치고 있는 것이다. 다시 말해서 수출과 수입이 증가하고 있는 경제는 더 개방되었고 더 상호 의존적이 된 것이다. 지난 20년 사이에 전세계의 수출 총액이 총 생산액에서 차지하는 비중은 11퍼센트에서 18퍼센트로 증가했다. 1995년에는 재화와 용역의 교역량이 6조억 달러 고지를 돌파했다. 수출률(국내 총생산에서 수출이 차지하는 비중)은 한 국가의 경제적 개방도를 나타낸다. 한 나라의 생산품 중에서 수출을 하는 물건이 차지하는 비중은 그 나라 산업의 성격, 정책, 발전 정도, 국내 시장에 따라 달라진다. 교역의 증가에는 여러 가지 원인이 있다. 그리고 개발도상국은 교역의 세계화에 있어서 중요한 역할을 담당한다. 그렇지만 성장*의 동인이 되고 있는 국제 무역의 이같은 너무 빠른 증가를 비판적으로 바라보는 사람들도 있다. 노벨 경제학상 수상자인 루이스는 다음과 같이 말한다: "성장*의 동인이 되어야 하는 것은 바로 기술 혁신이다. 교역은 이런 성장의 바퀴에 윤활유를 치는 역할을 해야 하는 것이지, 그 바퀴를 돌게 하는 역할을 해서는 안 된다."

B. 교역의 변화

전세계 교역의 높은 증가 속에서 세계화의 결과를 보기를 희망했던 **WTO**의 경제학자들은 그들의 실수를 인정해야만 했다. 1996년 이래로 교역량은 예상한 것보다는 덜 빠르게 증가하고 있는 것이다. 참고로 교역의 증가는 생산의 증가를 수반하는 경향이 있다. 이와 아울러 교역의 성격도 예상한 것 이상으로 심대한 변화가 일어나고 있다. 오늘날 교역의 80퍼센트를 차지하는 것이 상품의 교역이다. 그 중에서 공산품이 차지하는 비중은 증가하고 있는 반면에 석유를 제외한 1차 재료, 농산품이 차지하는 비중은 줄어들고 있는 추세이다. 그러므로 교역에서 차지하는 1차 상품의 중요도는 이제 점점 더 떨어지고 있다. 1970년에는 1차 상품이 전체 교역량의 36퍼센트였는데 1990년대말에는 그 비중이 20퍼센트 정도로 떨어졌다. 그러므로 교역되는 재화의 성격이 점점 더 바뀌고 있는 것이다. 원자재를 주로 수출하던 빈곤국가들이 이제는 그들의 수출품을 다변화하고 있다. 그리고 1980년 전세계 교역의 15퍼센트를 차지했던 용역은 오늘날 그 비중이 20퍼센트로 높아졌다.

2. 남북 간의 새로운 관계

A. 개발도상국들의 통합

세계 5대 수출국은 모두 유럽이나 북아메리카의 전통적인 산업국가들이다. 그렇지만 이처럼 유럽·북아메리카·일본이라는 세 개의 중심부 주위로 교역이 집중되는 현상 외에도 일부 개발도상국들이 점증적으로 세계 경제 속에 통합되는 현상을 주목해야만 한다. 1980년대말 선진 산업국가들이 행한 수출의 약 5분의 1 정도가 개발도상국을 대상으로 이루어졌다. 그렇지만 오늘날 그 비율은 4분의 1 정도가 되었고 21세기초가 되면 그 비율이 3분의 1 정도에 이를 것으로 예상된다. OECD의 전문가들은 개발도상국들이 이렇게 세계 교역 속으로 통합되는 것이 빈곤국가들이 발전할 수 있는 유일한 방법이라고 생각한다. 그렇지만 오늘날 놀랄 만한 경제적 성공을 이룩한 한국이나 대만 같은 아시아 국가들은 자국의 내부적인 발전을 위해서 보호주의를 취함과 동시에 개방주의를 행하고 있는 것을 보면 이런 주장이 과연 옳은 것인지 의심이 간다.

세계 무역: 주요 중심 축들

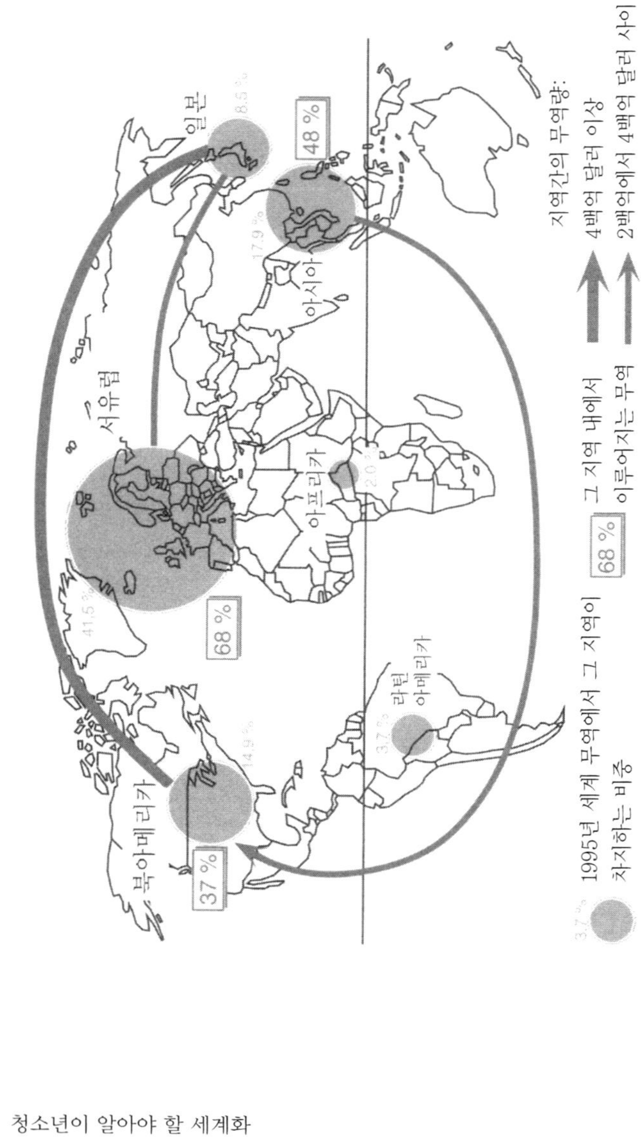

북아메리카
서유럽
일본
아프리카
아시아
라틴 아메리카
37 %
68 %
48 %
41.5 %
14.9 %
17.9 %
8.5 %
2.0 %
3.7 %
1995년 세계 무역에서 그 지역이 차지하는 비중
68 %
그 지역 내에서 이루어지는 무역
지역간의 무역량:
4백억 달러 이상
2백억에서 4백억 달러 사이

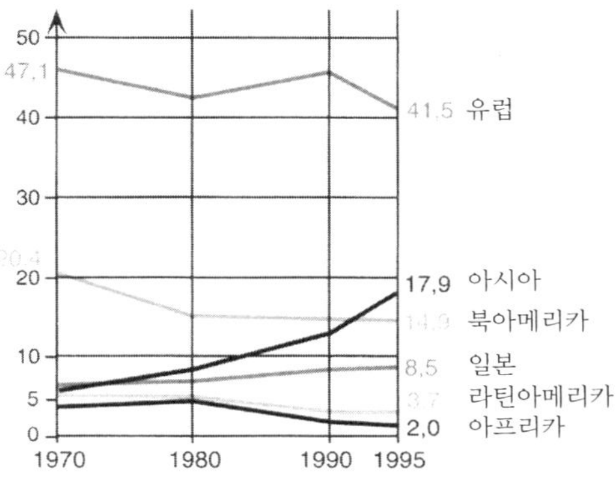

B. 아시아: 성장에서 위기까지

아시아는 특히 중국의 개방 이후부터 그 영향력이 증가되고 있다. 아시아는 오늘날 전세계 수출의 25퍼센트 이상을 점유하고 있다. 대만·홍콩·한국뿐만 아니라 태국·싱가포르·말레이시아 같은 나라들의 생활 수준 향상과 투자 수요는 아시아, 그 중에서도 특히 동아시아와 동남아시아를 새로운 중심부로 만들고 있다. 1995년 동아시아는 상품 수출량이 14.5퍼센트나 증가했다. 태평양 연안의 아시아는 이제 세계 무역의 '무거운 핵'이 되었다. 주요 해로가 지나는 해양 교통의 요지가 되는 이 지역은 그러므로 1994년 《이코노미스트》지가 말한 '지리(地理)로의 귀환'의 산 증거가 되고 있다. 지금 아시아는 '무역의 가속기' 역할을 한다. 아마도 21세기초부터는 이 지역의 순 국내 총생산이 적어도 유럽과 대등하게 될 것으로 예상된다. 이 거대한 소비 시장이 이제 미국과 유럽에게는 생동감이 넘치는 역동적인 시장이 되었다. 그렇지만 아시아를 뒤흔든 경제 위기는 이 지역의 놀라운 성장에 대해서 의문을 제기하는 계기가 되었다. 1997년 7월 2일 태국에서 시작된 이 '충격의 파장'은 극동 아시아의 모든 나라들을 강타했고, 그 나라들이 얼마나 불균형한 경제 체제와 부패한 사회 체제를 지니고 있는지를 잘 드러내 주었다. 인도네시아의 경우는 특히 우리의 관심을 끈다. 인도네시아는 '새로운 호랑이'의 상징으로 여겨졌지만 경제 위기는 이 나라가 지난 30년간 얼마나 잘못된 경제 발전을 이룩한 것인지를 잘 보여주었다.

9

금융의 글로벌화

1. 자본 유입의 폭발적 증가

A. 시장의 자유화

자본 시장 역시 기술의 발전, 정보공학, 현대적 정보통신의 발전 덕택으로 세계화되었다. 경제는 오늘날 자본을 엄청나게 필요로 한다. 그러나 1980년대초까지만 해도 자본의 흐름은 은행 체제에 의해서 제어되었고, 국가는 자본의 출입에 대해서 상당한 권한을 행사할 수 있었다. 그렇지만 이후 자본 소유자들을 견제하는 여러 제약들이 점진적으로 느슨해지거나 아예 사라져 버리게 되는 것을 보게 된다. 자본의 출입이 증가하였고 자본의 흐름은 복잡하게 서로 엇갈리면서 최상의 이익을 얻을 수 있는 곳을 찾아서 그곳으로 유입된다. 교역을 하기 위해서 점점 더 개방을 하는 모든 국가들은 늘 어려운 과제인 경제 발전에 필요한 자본을 마련하기 위해서 전세계의 잉여 자본을 유치하고자 한다. 외환 거래에 대한 통제의 점진적인 해제와 다양한 자유화 조치는 자본의 흐름을 엄청나게 증가시켰다. 이 자본 시장의 세계화에는 다음의 3D 규칙이 적용된다: 행정적 장벽의 제거(décloisonnement), 규제 철폐(déréglementation), 비개입(désintermédiation). 행정적 장벽의 제거란 금융 시장에 있어서 국경이 철폐되었다는 사실로 요약될 수 있다. 규제 철폐란 외환 거래의 자유화와 이에 관한 규제의 철폐를 의미한다. 비개입이란 제3세계 국가에 대한 채무나 제3세계 국가가 발행한 문제의 여지가 있는 채권을 금융 시장에 투자하는 것을 가능하게 하는 기술을 의미한다.

B. 긍정적 결과와 부정적 결과

자본 유입의 놀랄 만한 증가는 경제 발전에 필요한 자본을 끌어들이는 것을 가능하게 하고 있다. 그렇지만 빠르게 증가하고 있는 자본 유입과 생산 사이에는 이제 더 이상 단순한 관계가 성립하지 않는다. 1980년대의 10년 기간 동안 외환 시장에 유입되는 자본은 8.5배가 증가하였다. 그러나 같은 기간 동안에 교역량은 2배 증가하는 데에 그쳤다. 오늘날 하루에 이루어지는 금융 결재액은 1조 달러에 이르고 있고, 이 액수는 무역액과는 비교도 안 되게 큰 것이다. 그러므로 금융 시장은 어떤 국제적 차원의 규칙에 지배됨 없이 움직이고 있고 **불안정성**(환율·이자율)은 엄청난 결과를 초래하고 있다. 구매나 판매가 일정 수준을 넘어서면 작동되는 자동 프로그램과 같은 새로운 기술적 절차들이 바로 1987년의 주식 시장의 공황이나 1990년 7월의 '블랙홀' 의 근본 원인이다. 1993년부터 사람들은 이 시스템을 제어하고자 시도한다. 그렇지만 금융이 고유하게 지니고 있는 불안정성은 다음 세 가지의 부정적인 효과를 낳는다. 첫째, 경제가 자본 시장의 지배하에 들어간다. 둘째, 한 지역의 경제적 위기가 전세계로 파급될 위험을 지니고 있다. 셋째, 화폐 가치의 불안정성이라는 위험한 결과를 초래한다.

2. 자본을 향한 경주

A. 누가 가속을 할 것인가

그럼에도 불구하고 각 국가들은 여전히 자본을 무척 필요로 한다. 그리고 미국은 당연히 세계 자본의 가장 큰 소비자이다. 일본은 늘 중요한 자본 투자국이어 왔고 유럽은 재정 적자를 보충하기 위해서 늘 자본의 유입을 필요로 한다. 국제 시장에서 자본 흐름의 대부분을 독식하고 있는 나라들은 바로 OECD 국가들이다. 전체 대출의 약 70퍼센트가 선진국에게 주어지고 있기 때문이다. 그러므로 세계는 지금 자본을 얻기 위한 일종의 경주를 벌이고 있는 양상이고, 이 경주는 점점 더 치열해질 전망이다. 또 민간 자본(국제 기금이 아닌)이 이제 아주 중요한 역할을 담당하게 되었다. 그러나 자본의 단기적 움직임(예금, 자본의 교역 등)과 외국에의 직접 투자와 같은 장기적인 움직임 사이에는 근본적인 차이가 있다는 것을 알아야 한다. 여기서 외국에의 직접 투자란 한 기업이 생산 활동을 통제하기 위해서 행하는 일련의 조치를 말한다. 아무튼 우리가 이 둘을 구별하면, 금융 투기와 경제 발전에 대한 직접적인 기여 사이의 차이를 더 잘 이해할 수 있게 된다.

B. 신흥국가들: 불안감

아주 다양한 형태로 이루어지는 자본의 유입은 특히 개발도상국 쪽으로의 유입이 아주 빠른 속도로 증가되고 있다. 특히 빠르게 발전하고 있는 개발도상국들, 이른바 신흥국가들이 자본을 잘 유인하고 있다. 그렇지만 이것은 아주 최근에야 볼 수 있는 현상이다. 왜냐하면 민간 자본들은 오랫동안 OECD 이외의 국가들에 대해서 투자를 하는 위험 부담 안기를 주저해 왔기 때문이다. 1996년 개발도상국에는 약 2천8백50억 달러가 투자되었다. 지난 6년간 개발도상국에 대한 민간 자본의 유입은 6배나 증가하였고, 이는 개발도상국에 대해서 이루어진 자본 유입의 70퍼센트를 차지하는 것이다. 이것은 새롭고도 중요한 사실이다. 왜냐하면 1990년대초만 하더라도 개발도상국에 대한 민간 자본의 유입은 미미했기 때문이다. 1995년 빈곤국가들에 대한 직접 투자는 분명한 증가 추세에 있고, 이 투자는 주로 동아시아 국가나 태평양 연안 국가들에 대해서 이루어졌다. 사하라 사막 주변의 아프리카 국가들은 전체 투자의 2.5퍼센트만을 받아들였을 뿐이다. 불안정하거나 내부 갈등을 겪고 있는 빈곤 국가들은 유익한 장기 투자는 거의 받지 못한다. 그렇지만 금융 위기 이전에 자본 투자 장소로서 그렇게 인기가 높았

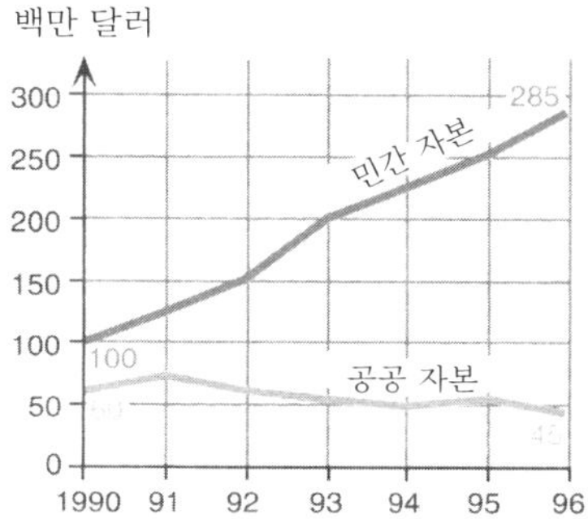

던 아시아는(1996년 이 지역에는 9백억 달러 이상의 민간 자본 순유입이 있었다) 이제 생산 구조의 조정과 이 지역 금융의 건전화를 기다리고 있는 외국 은행들의 불신을 받고 있다. 신속하게 투자되는 자본들은 반대로 최초의 위험 신호가 있으면 아주 빨리 빠져나간다. 그렇지만 신흥국가들은 경제 발전을 이룩하기 위해서 외국 자본에 전적으로 의존하고 있는 실정이다.

1994년 증권 시장의 보유 자본

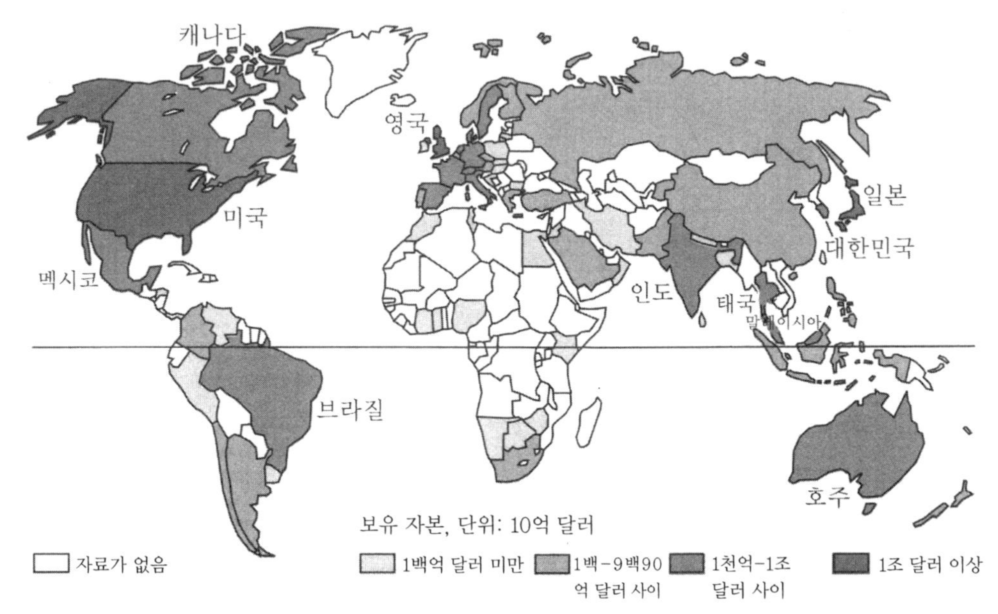

10

중단 없이 계속되는 적응

1. 다국적 기업이란 무엇인가?

A. '명명(命名)의 정글'

소위 말하는 '다국적' 기업들은 세계화에 중요한 역할을 담당한다. 그들의 역할과 힘은 다양한 방식으로 해석되고 있다. 블라디미르 안드레프가 강조하고 있는 것처럼 분석의 틀은 종종 너무 단순하고, 축소적이거나 이념에 기반을 두고 있다. 미샬레의 유명한 표현인 '명명(命名)의 정글'은 사람들이 이 거대 기업들에 대해서 얼마나 다양한 명칭을 부여하고 있는지를 잘 나타내 준다. 저자에 따라서 '초국가(supra-national) 기업' '글로벌 기업'이란 명칭이 사용되기도 하고 비에는 '간(間)영토적 거대 단위(grandes unités interterritoriales)'란 표현을 사용한다. 또 혹자는 이 기업들이 국경을 초월하지만 그래도 하나의 국가에 그 기초를 두면서 활동하는 최근의 모습을 강조하여 '초월 국가(transnational) 기업'이라는 이름을 붙이기도 한다. 다국적 기업은 법적으로는 한 국가 안에 그 기반을 두고 있다. 바로 그런 의미에서 다국적 기업은 '국적' 기업이다. 그러므로 코카콜라와 포드는 미국 기업이다. 오늘날 도요타와 혼다가 어느 나라 기업인지를 모르는 사람은 아무도 없다! 그렇지만 이 기업들은 세계화에 적응을 해야만 하고 글로벌 차원의 전략을 갖고 있어야 한다. 그리고 이 기업들이 소속된 국가들의 이익이 이 전략과 일치하지 않는다면 그 국가들의 이익에서 과감하게 벗어나 버린다. 전세계가 그들이 추구하는 이익의 원천이다. 다국적 기업은 "그들 수입의 중요한 원천이 되고 있는 모든 국가나 모든 지역이 건전한 상태에 있는지, 그리고 경쟁력*을 지니고 있는지를 항상 살펴보아야만 한다."(1990)

B. 통계의 덫

그러므로 다국적 기업은 전세계에 손길이 뻗쳐 있다는 점에서, 그리고 그들의 거래액이 아주 크다는 점에서 힘이 있는 기업들이다. 그러나 그들의 재산을 평가하거나 순위를 매기기는 아주 어렵다. 여기에서 잘 저질러지는 실수가 있다: 한 국가의 국민 총생산*(또는 국내 총생산*)과 한 회사의 매출액을 비교하는 것이 그것이다. 전세계 기업의 총 매출액은 전세계의 국민 총생산*보다 더 많다. 왜냐하면 한 회사의 매출액에는 부가 가치인 이익과 임금이 이중 계산되기 때문이다. 그러므로 이 부가 가치들을 매출액에 포함시키지 않고서 국민 생산과 비교하는 것이 좀더 타당할 것이다. 아무튼 다국적 기업을 어떻게 정의할 수 있을까? 어떤 기준을 사용해야 하는가? 드니즈 플루자에 의하면 다국적 기업이란 총 매출액이 5억 프랑 이상이 되고, 적어도 6개 국가 이상에서 활동하고 있으며 매출의 최소한 20퍼센트 이상이 외국에서 이루어져야 한다. 다른 기준들도 있다. 그렇지만 모든 사람들이 1996년 전세계에 약 4만 개의 모기업과 25만 개의 자회사가 있다는(1990년대초에는 약 3만7천5백 개의 모기업과 20만7천 개의 자회사가 있었다) 사실을 인정하고 있다. 1970년대 이래로 다국적 기업은 4배가 증가했다!

2. 막강한 힘

A. 오래된 존재

1902년에 이미 윌리엄 피버는 "관세와 각종 규제가 판매를 가로막을 때"는 "현지에서 생산을 해야 한다"고 말했다. 현재의 다국적 기업의 원조는 19세기의 마지막 25년 동안 국제화의 초기 형태를 갖춘 '1차적 기업'이라 불리는 기업들이다. 영국·프랑스·독일 등 강대국의 산업은 1차 원료들을 필요로 하고 특혜받는 기업들에 대해서 독점권을 부과하였다. 세계의 주요 석유 기업들인 이른바 '메이저'들은 1970년대까지 주요 다국적 기업을 형성하게 된다. 자본*의 집중은 절대적인 조건이 된다. 왜냐하면 이 기업들은 엄청난 비용에 대처를 해야만 하기 때문이다. 1974년 경제 잡지 《포춘》에 의하면 세계의 10대 기업들 중에서 8개가 석유회사였다. 오늘날에는 이런 비율이 바꿰어서 단 2개의 다국적 석유회사만이 세계 10대 기업에 속해 있다.

B. 논란이 많은 역할

1970년대에 들어서 미샬레는 다음과 같이 말했다: 다국적 기업을 확인하는 것은 쉬운 일이다. 왜냐하면 "다국적 기업은 스스로를 알리는 데에 정통하기 때문이다." 그렇지만 그 역할에 관해서는 논란의 여지가 많이 있다. 혹자의 경우에는, 다국적 기업이 돈의 힘을 상징하고 있고 '그 행동이 은밀하고 해악스런 잡종의 냉혈 동물'로 여겨진다.(게르트만) 또 다른 이의 경우에는, 다국적 기업이 세계 경제의 진정한 동력으로 여겨진다. 아무튼 이에 관한 1970년대의 커다란 논쟁들은 이제 진정이 되었다. 그렇지만 제국주의와 지배라는 오래된 개념들은 여전히 이에 관한 담론 속에 나타나고 있다. **반드시 지켜야 할 규칙:** 상투적인 표현을 피하고 자신의 생각을 구성하기 위해서 다양한 논증들이 담겨 있는 글들을 읽어라. 아무튼 다국적 기업들은 그들의 로비, 전세계를 아우르는 기업 네트워크, 자본 등을 통해서 엄청난 영향력을 행사한다. 그렇지만 이 힘은 정치적 권력, 노조, 다양한 로비, 종교나 국가 그 자체 등과 같은 여러 다른 권력들이 결정에 참여하는 하나의 세계 속에서 다시금 그 자리매김을 해야만 한다.

11

다국적 기업: 오늘날의 세계 모습을 상징하는 이미지인가?

1. 국가들의 위계?

A. 국가들의 반영

다국적 기업의 구조와 힘은 소속된 국가의 힘을 그대로 반영하고 있다. 가장 힘이 센 국가들이 가장 많은 수의 다국적 기업을 갖고 있다. 다국적 기업은 이중적인 특징을 지니고 있다. 다국적 기업은 동시에 세계적이면서도 국가적이다. 다시 말해서, 다국적 기업들은 전세계적 차원의 이해를 지님과 동시에 국가적인 차원에서도 이해를 갖고 있다. 왜냐하면 다국적 기업은 보호와 규제를 해주는 국가라는 존재를 필요로 하기 때문이다. 1970년대에 아민은 **중심부***(북아메리카 · 유럽 · 일본)와 **주변부***(제3세계 국가와 개발도상국)를 대립시키면서 기업들이 세계적 시스템 속에 통합되는 것을 예견했다. 하이머는 결정을 내리는 중심부에서부터 실행을 하는 기반부에 이르기까지 세계가 다국적 기업의 모습으로 조직되어 있다고 생각한다:

— 제1수준에서는 세계 전략이 형성된다. 이는 도쿄·워싱턴 또는 런던에 있는 최고 집행부에서 이루어진다.

— 제2수준에서는, 다른 대도시에 있는 사령부들이 최고 집행부에서 내려진 결정들을 전파한다. 간부와 기술자들은 대도시의 인프라를 필요로 한다.

— 제3수준인 '이 사다리의 제일 아랫부분'에, 즉 주변부에 공장 그리고 1차 원자재와 노동력이 있는 채취의 중심지가 분포한다.

이런 공간적인 위계는 '중심부'-주변부의 모델을 예시하는 것이다. 하이머의 가설 이후로 회사들의 구조는 많이 바뀌었고, 기업망은 이제 더 이상 이런 위계에 부합되지 않는다. 그럼에도 불구하고 명령·**결정**은 지리적으로 은행의 본사, 정치적 권력, 정보의 원천 가까운 곳에 위치해 있다. 결정권자들을 결코 중심부에서 멀리 떨어져 있게 할 수 없다.

B. 미국의 지배

1950-1970년 사이에 미국 회사들의 힘은 계속적으로 증대되었다. 미국으로서는 황금의 시기였다! 1967년, 전세계에 투자된 자본*의 55퍼센트는 미국에 의한 투자였다. 1974년, 세계 20대 기업 중에서 13개가 미국 기업이었다. 이 시기에 영국은 다국적 기업의 수에 있어서 미국의 뒤를 이어 세계 두번째였다. 그렇지만 외국에 투자된 자본에 있어서 영국은 미국에

한참 뒤졌다. 유럽과 일본의 다국적 기업들이 활발하게 생겨난 것은 바로 1970년대이다.

1996년 세계 10대 기업			
기업명	나라	매출액 (단위: 백만 달러)	분야
제너럴모터즈	미국	168,369	자동차
포드 자동차	미국	137,137	자동차
로열 더치 쉘	영국/네덜란드	128,174	석유
엑손	미국	119,434	석유
도요타 자동차	일본	108,702	자동차
제너럴엘렉트릭	미국	79,179	전기/항공
NTT	일본	78,320	통신 서비스
IBM	미국	75,947	컴퓨터
히타치	일본	75,669	전자/전기
AT & T	미국	74 525	통신 서비스

2. 세계적 사고

A. 기업들의 집중

1980년대는 제2차 세계대전 이후부터 1980년대 이전까지의 시기와 급작스런 단절을 이룬다. 경제의 금융화와 기술의 세계화는 기업들의 환경을 바꿔 놓는다. 오마에는 이런 글로벌화에서 국가들에게 획일화를 강제하는 더욱더 통합된 세계를 보았다. 그러므로 1980-1990년대는 집중과 통합이 이루어지는시기였다. 이 집중과 통합이 처음에는 종종 아주 난폭하게 이루어졌지만 그후로는 한층 더 전략적으로 이루어졌다. 적대적 인수합병과 공격적인 공공 구매 주문은 더 기술적이고 지적인 제휴로 대치되었다. 1980년대말 미국의 거대 기업들은 상당한 어려움에 봉착한다. 예를 들어 **IBM**과 제너럴모터스는 적자를 누적한다. 그래서 사람들은 '기업 규모의 거대성'은 종종 실패를 불러온다는 것을 깨닫는다. **신경영**(New Management)은 다음 세 가지 제약에 대항해서 싸워야 한다: 기술 변천의 속도, 시장의 자유화, 증가하는 경쟁. 그러므로 미국에서는 재구조화가 끊임없이 일어나고 임금과 고용의 '유동성'은 무제한적이다. 한편 기업들은 기업 성공의 '열쇠'가 되는 능력 주위로 다시 모이고 있다.

B. 핵심적인 능력의 보유

다양한 분야에 걸쳐서 '그룹'을 형성했던 기업들은 이제 한 분야에만 집중을 한다. 기술적 차원의 접근이 아닌 이상 합병은 이제 더 이상 이루어지지 않는다. 그래서 **GM**은 **EDS**[7]와 결별한다. **EDS**는 아주 많은 흑자를 내는 컴퓨터 관련 회사이지만 **GM**과는 너무도 성격이 다르기 때문에 결별한 것이다. 그러므로 한 분야를 전세계 차원에서 지배하는 것이 필요하다. 마

---

7) Electronic Data Systems, 컴퓨터 시스템 컨설팅 기업.〔역주〕

찬가지로 웨스팅하우스사는 전통적 산업 분야는 포기하고 오직 통신 분야에만 집중하고 있다. 이런 재구조화는 그 첫 단계에서는 종종 해고와 공장 및 회사의 폐쇄를 동반한다. 그래서 가전제품 회사인 선빈은 1996년에 직원의 50퍼센트를 해고하고 공장의 70퍼센트를 폐쇄했던 것이다. 보잉사의 경우도 마찬가지이다. 맥도널사를 흡수함으로써 20만 명의 사원과 5백억 달러의 매출액을 올리는 기업이 된 보잉사는 1993년 맥도널사를 흡수하기 전에 2만8천 명의 사원을 해고했다. 다국적 기업에 대해서 논의를 한다는 것은 모든 다국적 기업들이 많은 공통점을 지니고 있다는 것을 전제하는 것이다. 그렇지만 다국적 기업들의 모습은 실제로 아주 다양하다. 포드사와 같은 '거대 기업'이 있는 반면에 '다국적' 성격을 강하게 지닌 많은 중소 기업들이 있다.

C. 다양한 다국적 기업들

다국적 기업이 반드시 거대 기업인 것은 아니다. 몇몇 거대 기업 외에도 진정한 의미에서 세계화된 역동적인 중소 기업들이 있다. 미국이 그 좋은 예이다. 기업의 크기는 그리 중요하지 않다. 중요한 것은 기업의 가치이다. 첨단 기술을 지닌 중소 기업의 성공은 위험을 무릅쓰고 젊은 인재들을 찾는 사업가들인 벤처 캐피털리스트들의 노력의 결과이다. 빌 게이츠나 애플사의 스티브 잡스가 그들의 뜻을 펼 수 있었던 것도 바로 이런 방법을 통해서였다. 해마다 40-50억 달러가 하이테크를 지닌 작

은 기업들에 투자되고 있다. 1971년 미국 코네티컷 주의 트럼
벌(Trumbull)에서 생긴 나스닥(Nasdaq, National Association of
Securities Dealers Automated Quotations)은 특히 텍사스와 캘리포
니아에 많이 소재하고 있는 5천2백 개의 젊은 회사들을 상장시
키고 있는 전자증권거래소이다. 기업의 크기가 다국적 기업을
분류하는 유일한 기준은 아니다. 다국적 기업이 지니고 있는 조
직이 주목을 해야만 하는 다국적 기업의 중요한 성격이다. 하
나의 기업은 매출액, 부가 가치, 임금 노동자의 수, 수익 등에
의해서 구별될 수 있다. 예를 들어 유엔은 거대 규모의 다국적
기업들에게만 '초월국가(transnational) 기업'이란 명칭을 부여하
고 있다. 명심해야 될 것은 거대 다국적 기업들이 새로운 조직
형태를 연다는 사실이다. 라이히가 지적한 것처럼, 가장 힘이
센 다국적 기업들은 일단의 무리를 이루는 작은 기업들로 구성
되어 있는 세계적 망 조직의 형태를 점점 더 보이고 있다는 것

전세계 100대 기업의 국적(1995)

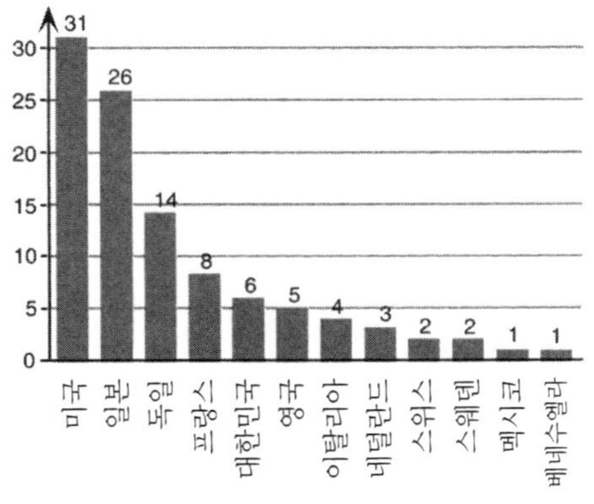

이다. 미국의 예가 그러한 것처럼, 이런 새로운 조직을 지닌 거
대 다국적 기업들의 수가 증가한다는 사실은 거대 다국적 기업
들의 전략이 바뀌고 있음을 드러내 주는 것이다. 가장 큰 기업
은 이제 더 이상 가장 큰 하나의 회사가 아니다. 가장 큰 기업
은 이제 한시적으로 그 기업에 가치를 더해 줄 수 있는 인재들
과 작은 기업들을 포섭하고 있는 하나의 시스템의 중심이라고
할 수 있다.

12

초월국가적인 기업망

1. 다국적 생산

A. 지사들의 종말

다국적 기업에 대한 다양한 정의들 중에는 유엔이 내리는 정의가 있다. 그 정의는 다음과 같다: "한 나라에 기반을 두고 그 나라에서 안정적으로 경제 활동을 하고 있으면서 동시에 적어도 2개 이상의 외국에 지사를 두고 있으며, 그 외국 지사를 통해서 회사 매출액의 10퍼센트 이상을 벌어들이는 기업." 실제로 거대 다국적 기업들은 이제 단지 외국 지사들만 갖고서 생산 활동을 하는 것이 더 이상 아니다. 전세계 도처에서 기술자와 능력을 찾아야만 한다. 거대 다국적 기업들은 계약 관계하에 있는 파트너 기업들과 함께 공조를 하며 전세계에 퍼져서 활동하는 기업망을 형성하고 있다. 그리고 이 기업망을 끊임없이 변화시킨다. 모기업은 항상 결정과 자금을 통제한다. 그러나 최고의 기술자들을 세계 도처에서 모아야 하고 발명가들을 현지에서 포섭해야만 한다. 이런 기업 구도 안에서, 케니치 오마에나 로버트 라이히 같은 경제학자들은 거대 다국적 기업들이 갇혀 있기에는 너무 좁은 공간이 되어 버린 국가 권력의 종말을 보았다. 이런 조건 속에서 하나의 기업망은 그 기업의 성공 및 실패에 따라 신축성 있게 변화하는 조합의 형태를 띤다. 그러므로 계약하에 있는 파트너 기업들은 모기업을 보호하면서 터지는 휴즈 같은 것이다. 그 체계는 하나의 '중심'과 중심 주위에 성운(星雲) 같이 모여 있는 기업들로 구성된다. 1990년 휴렛패커드 회사는 50개의 독립된 회사들을, 히다치는 60개의 독립된 회사를 갖고 있었다. 모기업은 제품 구상, 생산 또는 판매와 같은 구체적인 하나의 문제를 해결하는 일을 맡는 다양한 지위의 회사들과 계약을 맺는다. 이를 바로 생산의 **외재화**(externalisation)*라고 부른다. 제너럴모터스는 이 거대 기업을 위해서 일을 하는 다양한 임무(서비스·엔지니어링 등)를 맡은 8백 개의 회사로 둘러싸여 있다.

B. 완전한 수수께끼

다양한 제약(비용, 국제적 기호에 맞추어야 하는 제품의 표준화, 경쟁)에 지배를 받는 생산은 세계 여러 지역으로 분산되어 이루어지고 있다. 예를 들어 차 한 대가 미국에서 기획되고 일본이 자본을 대고 유럽에서 조립이 되며 세계 각지에서 필요한 부품이 생산되는 그런 형국이다. 한 제품의 생산은 이처럼 국제화되어 그 제품의 국적이 어디인가라는 문제가 제기된다. 이런 망 구조 속에서는 하나의 완제품이 어느 나라에서 생산되었다고 말하기는 어렵다. 이런 망 구조 속에서 제품에 대한 최초의 아이디어를 낸 회사는 이 체계의 아주 중요한 한 부분을 구성한다. 왜냐하면 이 회사는 전세계에서 뽑은 최고의 연구원들로 구성되어 있기 때문이다. 이 회사는 모기업만큼 막강한 영향력을 행사한다. 왜냐하면 이 회사가 바로 이윤와 가치를 창출하기 때문이다. 그러므로 오늘날의 기업 구조는 중앙집중화된 옛날의 기업 구조와는 상당한 거리가 있다. 기업의 성공은 얼마나 빨리 구부러질 수 있는 구조를 지니고 있느냐에 달려 있다. 기획, 생산은 이제 파편화되었다. 그리고 기업-망은 지리적인 분산을 야기하는 강한 요인의 하나가 되었다. 생산은 이제 국제적으로 이루어진다. 왜냐하면 "세계적인 기업망 속에서 (…) 제품 개발자, 엔지니어, 기업가, 딜러 그리고 재판매자들이 서로 연결되어 있기 때문이다."(라이히)

2. 기업망

기획-결정
재정
모기업
4번 회사:
회계 관리
2번 회사: 자회사,
아이디어를 찾는 핵심
적 역할을 담당한다.
3번 회사:
독립 회사,
제품 개발,
비용 등 담당
5번 회사:
계획에 필요한
자금 지원
6번 회사:
제품 생산 공장을
빌려준다
7번 회사:
아시아에서 제품을
생산한다
8번 회사:
기계들을
빌려준다
10,11,12번 회사:
마케팅, 커뮤니케
이션, 직원들의
여행 담당
9번 회사:
포장
생산
제품 관리
13번 회사:
X라는 나라에
보급
14,15번 회사:
미국에서의
독점 판매
16번 회사:
유럽에서의 판매
17번 회사:
광고
상업화

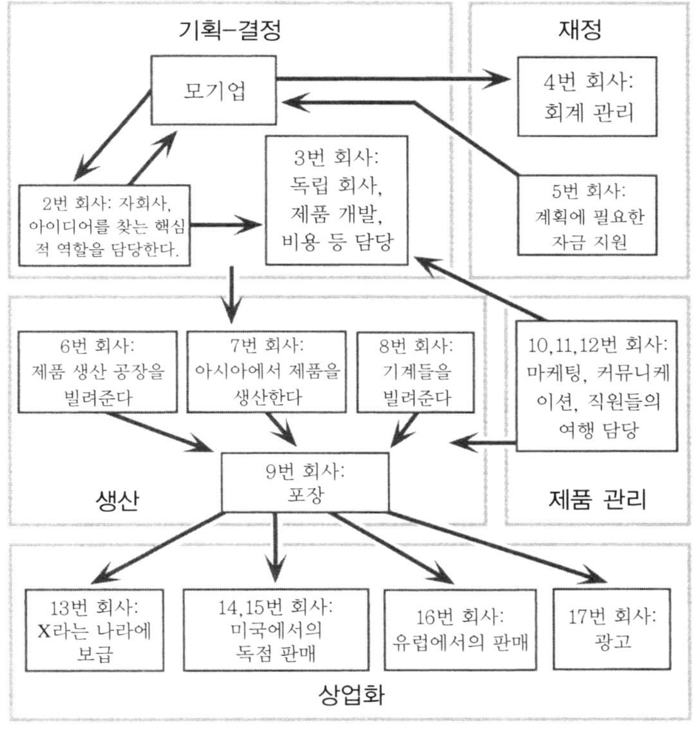

13

왕성하게 벌어지는 탈국지화

1. '탈국지화' 정의에 대한 주의

A. '진정한' 의미에서의 외국에 대한 직접 투자

한 기업은 그 기업이 발전하기 위해서 다양한 투자*를 할 수 있다. 그 투자는 물질적인 투자(토지·건물·장비)일 수도 있고, 인력에 대한 투자일 수도 있으며 또 재정적인 투자(기업 협력, 회사의 인수 등)일 수도 있다. 탈국지화*에 대한 논쟁은 외국에 대한 직접 투자를 어떻게 정의하느냐에 관한 것이다. 외국에 대한 직접 투자는 다음 세 종류로 구분할 수 있다:

— 1백 퍼센트 투자를 해서 하나의 기업을 세우는 것. 시릴 부예르가 지적한 것처럼, 1970년대까지는 이런 무에서 유를 창출하는 식의 투자 형태가 선진국이 개발도상국에 대해서 행했던 흔한 투자 형태였다.

— 하나의 회사를 사들이는 것은 1980년대부터 시작된 투자의 두번째 형태이다. 시간이 적게 걸리는 이 방법은 이미 활동

하고 있는 회사를 구매하는 것이다. 이는 선진국들 사이에서 벌어지는 고전적인 투자 형태이다.

— 한 외국 회사의 자본* 중 일부분을 소유하는 방법. 개발도상국가에서는 실제로, 기업을 완전히 소유하는 것이 어렵다. 그러므로 그 나라의 기업과 연대를 하는 것이 필요하다.

이런 상황 속에서 우리는 무엇을 **탈국지화***라고 부르는 것인가? 여기에서 종종 실수가 벌어진다: 실제로 사람들은 '탈국지화'와 다양한 형태의 하도급에 의해 생산된 제품의 수입을 서로 혼동한다. 엄격한 의미에서 탈국지화는 좀더 좋은 조건에서 기업 활동을 하기 위해 한 기업이 외국에 행한 투자를 가리킨다: 그 투자는 생산 활동의 구매와 함께 정말로 직접적인 것이어야만 한다. 이 구별은 중요하다. 왜냐하면 탈국지화가 여러 부작용의 원인이 된다고 비난받을 때, 우리는 흔히 진정한 의미의 직접 투자와 다양한 수입의 형태를 취하는 국제적 구매나 하도급과 같이 자본의 투여가 없이 이루어지는 모든 형태의 제휴들을 서로 혼동하기 때문이다!

B. 탈국지화*: '가짜 범인…'

위의 제목은 탈국지화에 관한 담론이 우리에게 가져다주는 실수나 지나친 단순화를 잘 요약하고 있다.(참조: 《경제적 선택》지, 30호, 1996) 임금이 낮은 나라들은 '부정한' 경쟁을 통해서 잘사는 나라에 실업을 유발시킬 수 있다. 이런 잘못된 명제가 언론에서는 성공을 거두었다. 그러나 실제로 문제는 이보다 더 복잡하다. 그리고 실업은 잘사는 국가들 사이의 경쟁에서 야기되는 것이다. 다국적 기업은 생산 형태가 지리적으로 넓게 분포하는 데에 결정적인 역할을 한다. 탈국지화는 인건비의 차이, 지역 시장 그리고 지역의 노하우에서 이익을 얻기 위해 기업들이 기업 활동을 함에 있어서 갖는 가능성이다. 탈국지화는 산업국가들 사이에서는 논쟁거리가 된다. 왜냐하면 탈국지화는 실업을 포함한 우리 문명의 모든 악의 근원이라는 비난을 받기 때문이다. 1993년의 한 유명한 보고서에서, 상원재무위원회 보고 책임자인 장 아르티우스는 탈국지화가 원칙적으로 향후 15년간 47만 명의 실업자를 낳게 할 것이라고 보고했다……. 그 후 사람들은 문제가 잘못 제기된 것이라는 사실을 알았고, 여러 연구들을 통해서 이런 지나치게 단순한 시각은 사실을 오도한다는 것을 알았다. **CNUCED**[8]와 **DREE**(파리에 있는 프랑스 대외 경제 사무국, **Direction des Relations Économiques Extérieurs à Paris**)의 경우에서도 다음과 같은 결론을 내렸다: 저임금 국가는 유럽의 실업 사태에 대해서 그 책임이 없다. 좀더 정확하게 말해서, 비전문 직종들은 실제로 제3세계 국가의 저임금에 의해서 위협을 받는다. 와이셔츠 만드는 일을 하면서 받는 시간급이 인도의 경우는 0.4달러이고 미국의 경우는 7.5달러이다. 그러나 미국의 노동자는 와이셔츠를 하나 만드는 데 14분이 걸리

---

8) 유엔무역개발회의(Conférence des Nations Unies pour le Commerce et le Développement). 영어 명칭은 UNCTAD(United Nations Conference on Trade and Development).〔역주〕

고 인도의 노동자 경우에는 23분이 걸린다. 실제로 **DREE**가 지적한 것처럼, 개발도상국과의 경쟁에 의해서 창출되고 없어지는 일자리는 '같은 종류의 일자리'가 아니다. 이런 상황에서 스스로를 지키는 유일한 방법은 부가 가치가 높은 상품들을 생산하는 것이다. 생산성의 격차는 임금의 차이만큼이나 중요하게 작용한다. 게다가 탈국지화는 1995년 전세계에서 이루어진 외국에 대한 직접 투자 총액의 70퍼센트 이상을 받은(1993-1994년에는 60퍼센트) 산업국가들 사이에서 특히 일어나는 현상이다. 개발도상국에 대한 투자*의 증대는 분명한 사실이다(1985-1990년에는 개발도상국에 대한 직접 투자가 총 투자액의 평균 15퍼센트 정도에 머문다). 그러나 제3세계 국가 중 극히 일부분만이 이 혜택을 받는다(위기는 자본의 불안정성을 가중시킨다). 경제학자들은 개발도상국가들로 직접 투자가 유입되는 것이 저임금 때문에 이루어지는 것은 아니라고 지적한다. 부유한 나라들은 무엇보다도 원자재와 그들의 제품이 팔리는 소비 시장을 찾고 있는 것이다. 그렇지만 분명한 것은 다국적 기업들이 일자리의 재분배에 있어서 중요한 역할을 담당한다는 사실이다: 예를 들어 제품 생산의 90퍼센트를 아시아에서 하는 나이키회사는 공식적으로 9천 명의 종업원을 지니고 있지만 하청의 형태로, 실제로는 7만 명 이상의 직원들을 고용하고 있다는 사실을 주목해야만 한다. 직접 투자의 탈국지화 논리는 결정적으로 고객이 있는 곳을 찾아간다는 원칙을 따른다. 바로 그렇기 때문에 높은 생활 수준의 선진국가들이 바로 직접 투자를 유치하는 주요 국가들이 되는 것이다.

2. 탈국지화*: 기회?

A. 발신자 부자국가와 수신자 부자국가

탈국지화를 행하는 나라들은 대부분 높은 생활 수준을 누리는 선진국이나 신흥 공업국들이다. 실제로 탈국지화가 가져다주는 이점이 있다. 경제학자 시베트 교수는 탈국지화는 '기회'라고 생각한다. 그러나 탈국지화가 노동 시장에 끼치는 결과는 고통스러운 것이다. 국제 무역에서 '비교 우위'는 이 이론의 근간을 구성한다. 탈국지화는 탈국지화를 행하는 나라들(유럽연합의 국가들이나 미국 같은 나라)로 하여금 다음 두 방식으로 스스로를 변화시키도록 강요한다: 외국과의 경쟁이 점점 더 이 나라들을 무겁게 짓누르기 때문에 임금을 좀더 유연하게 만들어야 한다. 그리고 예를 들어 섬유 분야와 같이 위기에 처해 있는 분야의 노동력은 비교 우위를 점하는, 즉 부가 가치가 높은 새로운 분야로 이동시켜야만 한다.

이론상, 제화 산업에서 일자리를 하나 잃으면 그 일자리는 전자 산업 분야의 일자리 하나에 의해 대체될 것이다. 그러나 임금 노동자에게 있어서 이 '이동'은 상당히 큰 결과를 미친다. 잘사는 나라들(미국·독일·벨기에 또는 영국)로부터 유입되는 자본의 '환영의 땅' 프랑스에서는, 투자가들이 어떤 특정한 분야를 찾고 있다: 1995년의 경우, 첨단 기술이 새로 창출되는 일자리의 거의 30퍼센트를 점유하고 있다. 프랑스에 대한 외국의 직접 투자는 연평균 9-15퍼센트씩 상승하고 있다. 그러므로 탈국지화를 하는 회사들은 아주 많은 나라에 정착해야 한다. 한국과 같은 신흥 공업국들은 이미 상당 수준 세계화되었다; 대우는 많은 나라에 걸쳐 80개의 생산 기지를 갖고 있다. 선진국들은 적응의 어려움에도 불구하고 그들 나라에 속한 다국적 기업들의 활동과 높은 생활 수준을 지님으로써 투자지로서 매력을 지니고 있고, 또 그럼으로써 많은 이익을 얻고 있다. 그렇지만 아무튼 빈곤 국가들의 강력한 경쟁에 맞서서 이들 선진국들은 스스로 많은 변화를 해야만 한다는 것은 분명한 사실이다.

B. 발전 가능성

개발도상국으로 향하는 자본의 폭발적인 증가는 자본을 필요로 하는 나라들에게는 성장*의 기회를 제공한다. 빈곤국가에 유입되는 직접 투자의 연평균이 높다는 것은 이제 돌이킬 수 없는 하나의 흐름을 나타낸다(1995-1996년의 경우, 연평균은 17.5퍼센트이다).

빈곤국가로의 자본 유입 누적 백분율(1990-1996, 단위: 퍼센트)	
동아시아 · 남아시아 · 태평양	4.7퍼센트
중동 · 북아프리카	2.0퍼센트
사하라 사막 이남의 아프리카	3.0퍼센트
중앙유럽 · 중앙아시아	15.0퍼센트
라틴아메리카	33퍼센트

그 중에서도 아시아 국가들이 직접 투자의 주요 수혜 대상이 된다. 그렇지만 이 자본 유입의 분포에 있어서 편차는 아주 크다. 그러므로 개발도상국의 '비중' 은 상대화해야만 한다. 산업화된 나라들은 전세계 총 생산의 10분의 7을 점유한다. 다국적 기업들은 고용하고 있는 인력의 16퍼센트만을 개발도상국에서 채용하고 있다. 그러므로 다국적 기업의 투자는 아주 선별적이다. 가장 빈곤한 아프리카의 50개 국가는 전세계 직접 투자의 1퍼센트 미만을 흡수하고 있다. 반대로 가장 역동적인 개발도상국들은 산업화된 국가들에게 더 많이 수출한다. 반면에 산업화된 국가들은 이런 나라들에게 산업 인프라와 많은 양의 소비를 제공한다. 그러므로 부유한 나라에서 일어나는 실업 사태는 제3세계로의 생산 이전과는 관련이 없다. 따라서 그 원인은 다른 데에서 찾아야만 한다. 소수의 국가들만이 자본을 끌어들이는 데에 성공한다. 그리고 성공한 개발도상국들 옆에는 '세계화 속에서 잊혀진 나라들' 이 있다. 그러므로 다국적 기업이 활동하는 지역에 대한 지리적 분포를 살펴보는 것은 매우 교훈적이다. 그런데 세계화를 이끄는 것은 바로 이런 종류의 기업들이다. 개발도상국들은 민간 자본을 유치하려고 노력한다. 거대 다국적 기업들은 그들의 투자를 이제 더 이상 삼각 지대(유럽 · 북아메리카 · 일본)로만 제한을 두지 않는다. 그러나 이 기업들은 투자에 있어 더욱더 선별적이고 민간 자본의 직접 투자는 위험이 없는 지역으로만 투자가 몰리는 현상을 야기하는 주요 요인 중 하나이다. 오늘날 20억에 가까운 사람들이 글로벌화에 의해서 이루어지는 성장과 전혀 무관하다. 이런 편차가 빈곤국

프랑스의 지역별 외국 투자 유치액(1994년)

단위: 10억 프랑

통계 출전: 프랑스 은행, 1997.

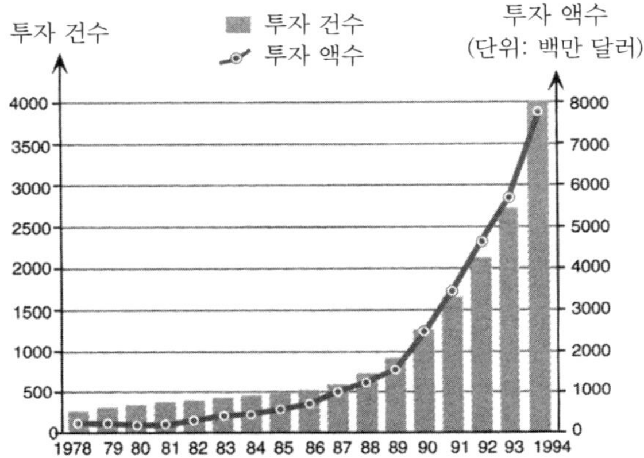

통계 출전: 한국은행, 해외 직접 투자 통계 연감, 1995.

가에서 뿐만 아니라 부유한 국가 안에서도 증가하고 있다. 위
기의 한 요인인 자본의 자유로운 이동은 이제 점점 더 제어하
기 어려운 것이 되어 가고 있다.

14

부자와 빈자

1. 소득의 차이

A. 새로운 분열

이번 장을 시작하기에 앞서 언급해야만 하는 한 가지 사실이 있다. 잘사는 나라들과 못사는 나라 간의 격차가 심화되는 것, 그리고 잘사는 나라 안에서도 잘사는 계층과 못사는 계층 간의 격차가 심화되는 것은 결코 어제 오늘의 이야기가 아니다. 전 세계의 1인당 평균 소득은 끊임없이 증가해 오고 있지만 잘사는 나라와 못사는 나라 사이의 격차는 아주 해묵은 것이다. 1965년 프랑스 고등학교 3학년 지리 교과서를 보면 이미 다음과 같은 대목이 나온다: "1954년 기준으로 저개발 국가들의 1인당 연간 평균 소득은 65달러이고, 선진국가 국민의 1인당 연간 평균 소득은 5백90달러이다. 그러나 1954년 이후로 이 격차는 더 심화되고 있다."(코크리 · 귀글엘모 · 라코스트 · 오주프) 그 이후로 '빈곤국가' 들은 심대하게 다변화되었고 많은 나라들이 경제적으로 '이륙' *하였다. 30년 사이에 한국인의 1인당 국민 소득은 2백 달러에서 8천 달러로 증가했다(구매력 지수로는 1만 달러 이상이다). 그러므로 오늘날 '제3세계' 국가라고 불리는 나라들 사이에는 아주 큰 격차가 존재한다.(베로흐) 그리고 이런 불균형은 점점 더 증가하고 있다. 전세계 부의 증가는 이런 변화를 더욱더 충격적인 것으로 만들고 있다. 1960-1993년 사이에 1인당 평균 소득은 2.5배 증가했다. 그렇지만 같은 기간 동안 전세계의 가장 부유한 20퍼센트의 사람들이 점유하는 소득의 비율은 70퍼센트에서 85퍼센트로 늘어났고, 가장 가난한 20퍼센트의 사람들이 차지하는 소득은 2.3퍼센트에서 1.1퍼센트로 줄었다. **PNUD**(유엔개발계획)는 '절대 빈곤'(1997년 유엔개발계획 보고서에 의하면 하루 1달러 미만)에 처한 사람의 수는 전세계를 통해 13억 명에 달한다고 한다. 유엔개발계획에 의하면 "세계화는 어떤 경제 체제의 경우에는 빈곤을 줄이는 데에 기여한다. (…) 그러나 세계화가 또 다른 나라에서나 (…) 한 나라의 내부에서 패배자들을 만들어 내고 있다." 심대한 지역 간의 불평등은 이런 상황의 다변화를 나타내 주고 있다. 전세계적 차원에서는 발전이 있어도, 여전히 기아의 고통을 겪는 나라들이 있다. **FAO**(유엔식량농업기구)는 농업 구조와 생산이 개선되지 않는다면 20세기말에는 64개 나라가 심각한 식량난을 겪게 된다고 보고 있다.

B. 불가능한 수렴*

수렴과 분산이라는 두 가지 개념을 알아야 한다. 수렴이란 빈곤국가로 하여금 잘사는 나라의 생활 수준에 이르도록 하는 빠른 성장*을 지칭한다. 분산이란 그 반대로 잘사는 나라와 못사는 나라의 격차가 더 커지는 것을 의미한다. 우리는 수차례의 산업 혁명 이후로 전세계는 분산의 경향을 계속 보이고 있다는 것을 안다. 오늘날 빈곤국가가 잘사는 나라를 따라잡기 위해서는 과연 얼마의 시간이 필요한가라는 질문이 제기된다. 그렇지만 도대체 이런 일이 가능한가? 국가 형태의 다양성은 국가간의 비교를 어렵게 만든다. 그러므로 일단은 단순한 사실만을 제시하는 것으로 그친다. 오늘날 제3세계 국가와 선진국 간의 생활 수준 차이는 1 대 12라고 본다. 그리고 그 격차는 날로 커지고 있다! 이와 동시에 선진국 내부에서도 몇몇 사회 계층이 주변화됨에 따라 생활 수준의 격차가 벌어지고 있다. 미국의 경우 가장 빈곤한 20퍼센트의 사람들은 1979-1993년 사이에 소득이 17퍼센트나 줄어들었다. 그리고 약 4천만에 달하는 사람이 의료 서비스를 제대로 받지 못하고 있다. 이미 사람들이 지적한 것처럼 "미래가 최근의 과거와 분명하게 달라지지 않는다면 빈부의 격차는 더욱더 벌어질 것이다."(랜트 프리체트, 1996) 게다가 성장*과 발전은 서로 구별해야 한다. 전자가 순수하게 경제적인 지표를 논하는 것이라면 후자는 인간의 삶에 관계된 모든 국면이 고양됨을 말하는 것이다.

2. 발전의 측정

A. 성장*과 불평등

파커에 의하면, 한 나라가 빈곤으로부터 벗어나기 위해서는 장기간에 걸쳐서 높은 경제 성장률(연간 10퍼센트 정도)을 유지해야만 한다. 즉 한 사회가 변혁을 하기 위해서는 이런 고성장률이 상당 기간 지속되어야만 한다. 한편 우리는 한 국가 안에 존재하는 빈부의 격차는 성장을 저해하는 요소로 작용한다는 것을 안다. 수많은 경제학자들(루카스·쿠즈네츠 또는 베나부)의 분석은 정치적, 그리고 경제적 불평등은 발전을 저해한다는 사실을 보이고 있다. 한국은 1960년 필리핀과 같은 경제 수준이었다. 이후 필리핀은 연간 2퍼센트 정도의 미미한 성장을 한 반면에 한국은 연평균 6퍼센트의 속도로 계속 성장했다. 그런데 한국은 지속적으로 더 평등한 사회를 유지했고 더 평등한 정책을 견지했다. 한국이 보여준 교육 부분에 있어서의 노력은 아주 중요하다: 전체 학생들 중에서 고등학교를 졸업하는 사람의 비율이 1960년 40퍼센트였던 것이 1985년에는 95퍼센트에 달하고 있다. 같은 기간 동안 필리핀의 경우는 동일한 수치가 50퍼센트에서 65퍼센트로 바뀌는 것에 그쳤다. 이처럼 30여 년의 기간이 지난 후, 두 나라 사이의 차이는 놀라울 정도이다. 1960년 필리핀의 경우, 가장 부유한 20퍼센트의 사람이 가장 가난한 40퍼센트의 사람들보다 5배나 더 많은 부를 소유했다.

반면에 한국의 경우에는 그 수치가 2배였다. 발전에 기여를 하는 2개의 체계가 있다. 전자의 체계는 다양한 이유로 성장을 가로막는 불평등한 사회의 압력이고, 후자는 발전의 핵심적인 요인인 교육이 차지하는 역할이다. 1960년 라코스트가 이미 지적한 것처럼 "대중의 문맹과 교양 없음은 (…) 저개발 국가의 특징적인 요소들이다."

또 한 마리의 '용,' 타이완은 1950년 초등학교 졸업률이 80퍼센트에 달했다. 그러나 1977년에 이 비율은 99.5퍼센트에 달했다! 베나부는 발전을 저해하는 것은 바로 사회적·교육적 그리고 정치적 불평등이라고 분석했다.(《불평등과 성장》, **MIT** 출판부, 1996)

B. 인간개발지수(IDH)와 빈곤지수(IPH)

경제에서 성장이란 일정한 기간 동안 국내 총생산*이나 국민 총생산*의 변화를 나타내는 수치를 말한다. 브로델은 성장이 '사회·경제·정치 구조, 여론 그리고 그 나머지 모든 것들'을 문제시한다고 여긴다. 발전은 성장이 문화와 인간의 행복에 긍정적인 변화를 갖고 온다면 그 성장의 결과로 생겨나는 것이다. 그러므로 하나의 국가는 빠르게 성장을 했지만 여전히 '저발전'의 상태에 놓여 있을 수 있다. 그래서 1990년 유엔은 인간개발지수(**IDH**)라는 것을 만들었다. 이 지수는 여러 기준에 의거해서 한 나라의 발전 정도를 나타내는 수치이다. 여기에는 3개의 주요한 요인들이 고려된다: 평균 수명, 교육 수준(교육을 받는 연수(年數)) 그리고 평균 구매력. 인간개발지수는 0에서부터 1 사이의 점수로 매겨지는데, 1점이 만점이다. 모든 지수가 다 그렇듯이 인간개발지수도 비판받을 수 있다. 왜냐하면 인간 발전의 수준은 좀더 복잡한 요소들이 합쳐져서 나타날 텐데 이 인간개발지수는 단지 3개의 요소들만을 기준으로 삼기 때문이다. 그럼에도 불구하고 이 지수는 모든 나라들을 평가하여 순위를 매김에 있어서 아주 유용하다. 예를 들어 1993년 스위스의 경우, 인간개발지수는 0.926인 반면에 앙골라는 겨우 0.28

인간개발지수(IDH): 인간개발지수가 가장 높은 나라들과 가장 낮은 나라			
국가	IDH 1994	IDH 순위	1인당 실제 국내 총생산 (1995년의 구매력 지수, 단위: 달러)
캐나다	0.960	1	21,130
프랑스	0.946	2	21,030
노르웨이	0.943	3	21,940
미국	0.942	4	26,980
아일랜드	0.942	5	20,460
네덜란드	0.940	6	19,950
일본	0.940	7	22,110
말리	0.229	171	550
부르키나 파소	0.221	172	780
나이지리아	0.206	173	750
르완다	0.187	174	540
시에라리온	0.176	175	580

가장 못사는 나라들의 빈곤지수(IPH)	
국가	빈곤 인구의 백분율
나이지리아	66
시에라리온	59.2
부르키나 파소	58.3
에티오피아	58.2
말리	54.7
캄보디아	52.5
모잠비크	50.1

이었다. 빈곤지수(**IPH**)라는 새로운 지수가 1997년 유엔에 의해서 만들어졌다. 이 지수는 전체 인구에서 빈곤을 겪는 사람들의 비율을 나타내는 지수이다. 이 지수에 의해서는 각 나라의 생활 조건(수돗물의 이용도, 의료 제도의 이용도, 영양실조의 비율 등)에 대한 평가가 내려진다. 또 1인당 국내 총생산*이나 1인당 국민 총생산*도 경제 수준을 측정함에 있어서 반드시 사용되는 척도이다. 그렇지만 이 척도는 부의 분배를 평가하는 것은 아니다. 한 나라가 1인당 국민 총생산은 아주 높지만 동시에 빈부의 격차도 아주 클 수 있다.

1996년도 1인당 국내 총생산

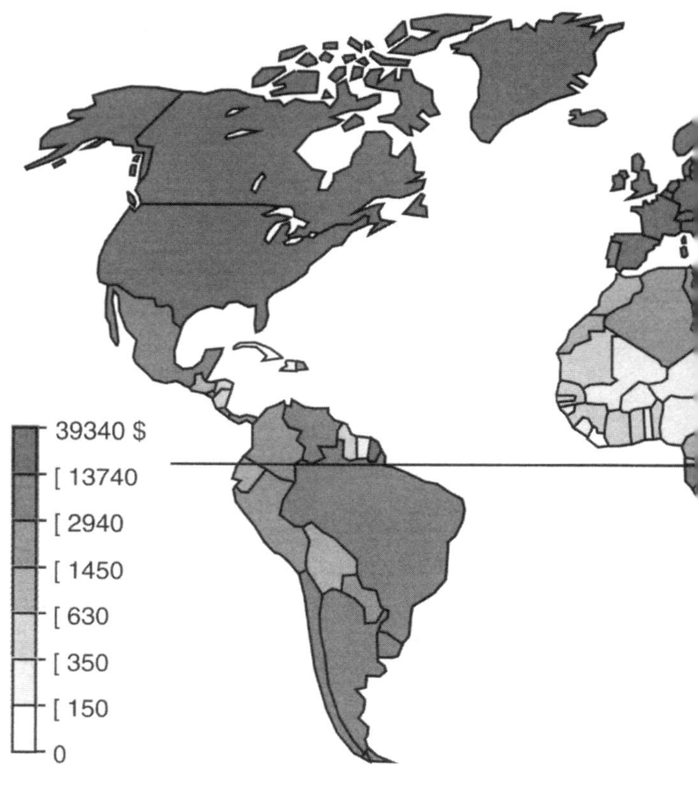

15

부의 세 가지 원천

1. 자본: 인적 자본, 물적 자본, 천연 자본

A. 자본의 축적

1995년 세계 은행은 '자본,' 즉 부를 창출하는 요소들을 세 종류로 구분했다: 천연 자본*(물·목재·땅·1차 원자재), 물적 자본(도로·철도·공장·기계), 그리고 인적 자본. 인적 자본은 '교육과 영양의 수준에 의해서 결정되는 개개인의 생산 능력'을 평가한다. 평균적으로 전세계에서, 인적 자본은 자본 전체의 64퍼센트를 점유하고 물적 자본은 20퍼센트, 천연 자본은 16퍼센트를 각각 차지한다. 각 지역은 세 종류의 자본 중 어느 하나에 있어서 상대적으로 더 유리한 조건을 지니고 있다. 인적 자본은 경제 성장에 있어서 결정적인 역할을 한다. 경제 성장은 교육과 간접적으로 관련을 맺으며 다음과 같은 몇 가지 긍정적인 효과를 가져온다: 영아 사망률의 감소, 여성의 교육, '노동의 질적 비약,' 생산성*의 향상, 민주주의의 발전.

B. 다양한 연관 관계

아프리카 국가들과 높은 소득을 누리는 국가들은 아주 극단적인 대립을 보인다. 전자의 국가들은 **천연 자본**은 아주 풍부하지만(평균 50퍼센트 이상) 소위 말하는 인적 자본은 부족하다. (서아프리카의 경우 25퍼센트) 이런 상황은 아주 미미한 정도의 산업 발전을 가져온다. 97개의 개발도상국을 살펴보면, 1차 원자재의 수출량과 경제 성장률은 서로 반비례 관계에 있다. 달리 말해 수출되는 천연 자원이 국내 총생산에서 차지하는 비중이 너무 높다면, 그것은 1차 경제이고 비전문화된 경제임을 나타내는 표시이다. 반대로, 산업국가에서는——아시아도 이에 해당된다——인적 자본이 결정적이다. 남아시아의 경우는 76퍼센트이고 동아시아의 경우는 75퍼센트이다. 이 비율이 높다는 것은 교육 수준과 인간개발지수가 높다는 것을 의미한다. 양질의 노동력, 노동의 숙련도, 노동의 조직화가 성장*의 주요 요인들을 구성한다는 것은 주지의 사실이다.

2. 대단위 지역 사이의 편차

다음의 두 도표(p.110)는 지역간의 편차를 보여주고 있다.

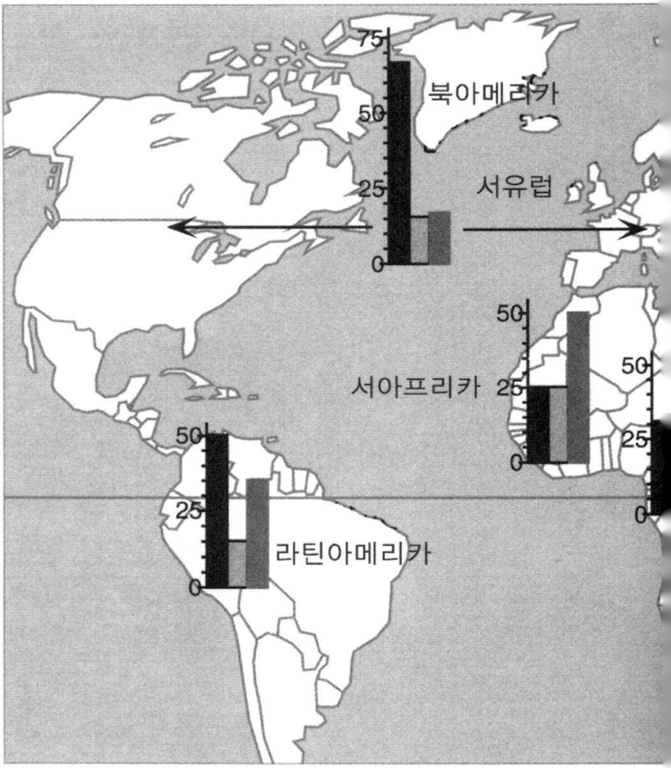

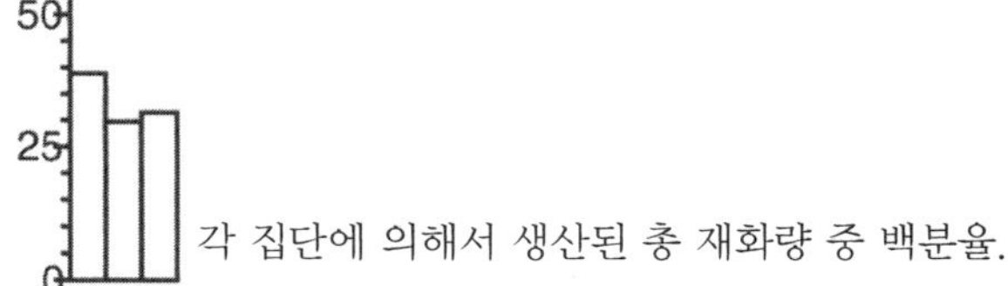

각 집단에 의해서 생산된 총 재화량 중 백분율.

천연 자본이 차지하는 비율

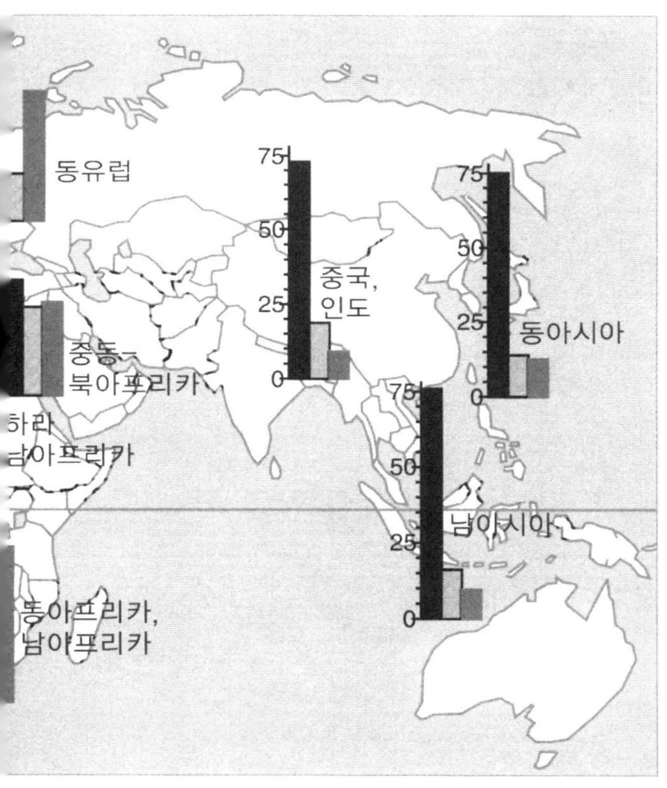

■ 인적 자본, '교육 수준과 영양 상태에 의해서 결정되는 각 개인의 생산 능력.'

□ 물적 자본(기계 · 공장 · 철도 · 산업 인프라).

■ 천연 자본: 영토 · 물 · 목재 · 귀금속 · 1차 원료.

출전: 세계 은행, 환경 발전 감시, 1995.

A. 인적 자본과 천연 자본

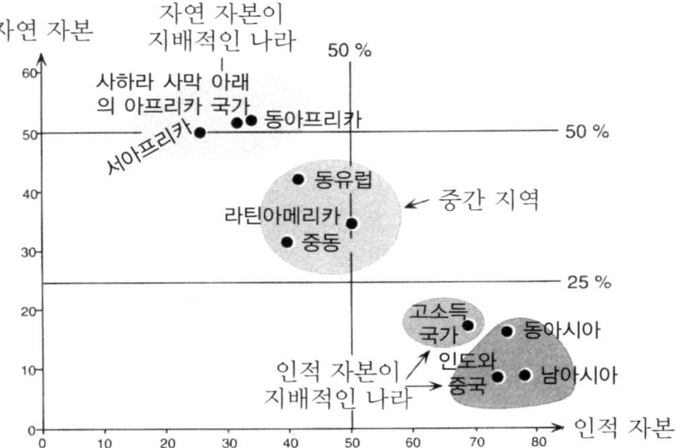

1) 각 집단이 생산하는 총 재화량 중 백분율.

통계 출전: 세계 은행, 환경 발전 감시, 1995.

B. 자원과 성장*(1971–1989)

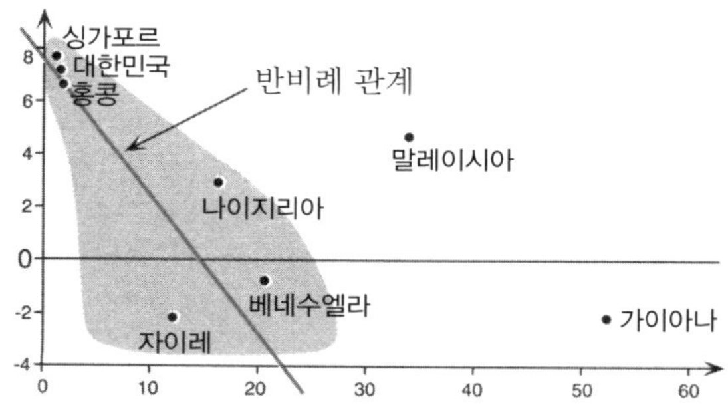

통계 출전: 색 & 와머, 《풍부한 천연 자원과 경제 성장》, 하와드, 1995.

국내 총생산에서 1차 재료 수출이 차지하는 비중.

16

결정권을 갖고 있는 중심부들

1. 권력의 집중

A. 증가하는 양극화 현상

1955년에 발표된 페루의 한 논문에서 처음 제시되었고, 이제는 이미 아주 오래된 개념이 되어 버린 양극화(polarisation)라는 개념은 하나의 지역에서 성장*이 고르게 이루어지지 않고 몇몇 구역에만 집중되는 것을 말한다. 그러므로 도시들과 지역들 사이에서 위계가 생겨난다. 왜냐하면 발전의 정도는 국가들마다 다를 뿐 아니라 한 국가의 내부에서도 다르기 때문이다. 따라서 문제는 앞으로 세계화의 진행이 가속화되면 공간적으로 불균형을 이루는 성장이 얼마나 더 심화될 것인가이다. 이론적으로 글로벌화는 산업과 서비스 분야가 불균형하게 발전할 가능성을 더 확대시킨다: 인력과 자본의 축적은 불안정하다. 그리고 이는 자본 및 인력의 유입 그리고 이런 유입을 촉발시키는 기술 유입에 달려 있다. 금융력 · 정치력 · 경제력은 그 자체가 원래 아주 국지적이다. 왜냐하면 이것들은 특권적 지위를 갖고 있는 지역으로부터 나오는 힘이며 일종의 '훈련 효과' 또는 '소수의 지배력(blocage)'이기 때문이다.

이 현상은 새로운 것이 아니다(19세기의 영국이나 1945년 이후의 미국이 그런 예들이다). 그러나 세계화는 2차적 중심부*들을 많이 만들어 내면서 '중심 도시(métropole)'들의 권력을 강화시켜 주고 있다.

B. '이익을 보는 지역들'

이 '중심부'들은 대개의 경우, 지리적 조건이 좋고 인구가 밀집되어 있는 지역에 위치하는 대도시들이다. 실제로 시간의 흐름에 따라 쇠락하는 지역들이 있고, 또 지금 한층 전성기를 구가하는 지역들이 존재한다. 어떤 지역들이 무슨 이유로 활동적이고 부유한가? 왜 '실리콘 밸리'는 그렇게 발전되었는가? 파리 지역의 성공은 어떻게 해석해야 하는가? 우리는 이런 곳에서 유리한 조건들을 한데 모으는 '최적'의 환경들을 발견할 수 있다. 역으로 성장과는 다소간 거리가 있는 덜 유리한 지역들이 존재한다. 바로 이런 지역들을 우리는 '사각 지대' '고립 지역(isolat)'이라 부르고 이들에 비해 다소간 통합된 지역은 '주변부'*라 부른다. 종종 아주 애매모호한 명칭의 문제를 떠나서, 발전의 고르지 못함 그리고 도시 특히 세계적 거대 도시(me-galopolis)[9]들의 역할이 강화되고 있는 것을 주목할 필요가 있다.

2. 지구촌

A. 세계화의 중심에서

세계화(통신망의 발달, 시장의 자유화)에 의해서 야기되고 있는 일련의 획일화에도 불구하고 대부분 그 역사가 오래된 대도시들은 이런 고르지 않은 발전으로부터 이익을 얻고 있다. 새로운 기술에도 불구하고, 이 오래된 도시들은 잘 갖추어진 인프라와 생활 시설 덕택으로 중요한 자리를 차지한다. 뉴욕·도쿄·시카고 또는 런던은 세계에서 가장 큰 증권 시장이 있다. 산업과 서비스 분야가 전세계로 분산되면 될수록, 대도시들은 더 큰 비중을 갖게 된다. 콜롬비아대학의 사스키아 사센에 의하면 "이런 대도시들은 오늘날 전세계로 산재된 경제 조직을 통제하는 센터 역할을 하게 되었다." 바로 이 때문에 대도시들은 단지 대도시를 둘러싼 모든 지역보다 먼저 발전된 도시 정도가 아니다. 대도시들은 대도시의 주변 지역을 책임지기에 앞서 아주 멀리 떨어져 있는 이익들을 전면에 두면서 세계적인 역할을 담당하고 있다.

---

9) 주변의 위성 도시를 포함하여 거대한 도시권을 형성하고 있는 도시. 〔역주〕

B. '국제화된 도시들'과 중심 도시(métropole)들

1979년 브로델은 '세계-경제'*에 대해서 다음과 같이 말했다: 거대 도시(megalopolis)는 "정보·상품·인력·주문이 몰려들고 또 그것들이 거기로부터 다시 떠나는" 중심부*이다. 반면에 현대적 생활에 다소간 통합되어 있는 '주변부'*는 정체 상태에 있다. 여기서 **국제화된 도시**를 따로 구별할 필요가 있겠다. 이런 도시는 2000년이면 인구가 3천1백만이 될 멕시코시티의 경우처럼 거대한 규모일 수도 있지만 통제의 기능은 갖고 있지 않은 도시이다. 반대로 뉴욕·런던·파리와 같은 진정한 중심 도시들은 그 도시가 지니고 있는 회사나 기구들을 통해서 진정한 의미에서 세계적인 영향력을 행사한다. 진정한 의미의 중심 도시로부터 불완전한 능력을 지닌 대도시에 이르기까지 세계화된 정도에 있어서 다소간의 차이를 보이는 일련의 도시들이 존재한다. 그러므로 21세기는 거대 도시의 시대가 될 것이다. 2000년에는 인구 1천만이 넘는 도시들이 21개에 이를 것이다. 끝으로 세계화는 아시아의 인구 밀집 지역이 등극하면서 다핵적인 변화가 있다는 점이 그 특징이라고 할 수 있다. 그렇지만 진정한 중심 도시가 되기 위해서는 '더 앞서고 더 다양화된 모든 것들을' 한데 모을 수 있어야만 한다.(브로델)

17
체계들간의 포함 관계

1. 세계에서 지역으로

A. 인간의 '조개껍데기'

모든 사람들은 '조개껍데기'에 둘러싸여서 산다(몰레스 & 로머), 즉 자신의 환경을 구성하는 다소간 넓은 지역에 둘러싸여서 산다. 그렇지만 인간의 삶은 거의 예외없이 자신의 주거와 일터를 포함하는 '작은 나라' 안에서 진행된다. 이 작은 나라, '생활의 터전,' 자신의 구역, 자신의 동네는 근본적인 역할을 한다. 프레몽의 유명한 표현에 의하면 이 '체험 공간'*은 한 가족에게 있어서는 가장 큰 관심사를 구성한다. 행복·일·통근·여가는 일상의 현실들이다. 그런데 세계화는 이 친근한 공간에 구체적으로 영향을 미친다. 노동자는 자신이 다니는 공장이 폐쇄된 것이 지구 반대편에서 내려진 결정이라면 이를 이해하기 힘들 것이다. 그러므로 세계화는 전 지구적인 조직에서부터 일상 생활의 틀을 이루는 작은 지역에 이르기까지 무한한 구조가 중첩된 형태를 이룬다. 자키 라이디는 세계화가 '우리의 강점을 드러낼 뿐 아니라' 한 나라, 한 도시, 주어진 하나의 공간이 지니고 있는 약점들도 드러낸다고 주장한다. 이런 외재적인 제약이 한 사회의 중력이나 차단성을 드러내 준다.

B. 체계의 위계

알자스·코트다쥐르·라인란트와 같은 하나의 지리적 지역은 하나의 체계(system)이다. 이 체계라는 개념은 기본적인 개념이다. 1960년대에 나타난 이 개념은 일련의 요소들이 동일한 하나의 목적을 지니면서 상호 관계를 맺고 있는 것을 말한다: 하나의 공장은 자동차를 생산한다, 병원은 환자들을 진료한다, 학교는 아이들을 가르친다 등. 체계란 단어는 '조직화된 전체'라는 뜻의 그리스어 'systema'에 나온 말이다. 체계는 그 지향하는 바를 달성하기 위해서 자원을 소유해야만 한다. 체계에는 다양한 크기의 체계들이 있다. 그리고 읍 정도 크기의 지역에서부터 국가에 이르기까지 다양한 크기의 공간이 존재한다. 하나의 체계는 열려 있고, 유입을 받아들이고, 진화하고, 변화하고, 죽거나 발전한다.(참고. 내들러, 《체계의 개념》, Vander 출판사, 1973) 구체적으로 체계에 대한 분석은 위계를 이루는 지리적 공간들(세계·국가·지방 또는 군)은 각각에 상응하는 조직이 있다는 것을 이해하게 해준다. 이런 포함 관계는 공간 분석의 다양한 층위들이 서로 병합 관계를 맺고 있다는 것을 보여준다: 집은 한 마을에 속해 있고, 그 마을은 한 지방 안에 있으며, 그 지방은 하나의 국가에 속해 있고, 국가는 '체계-세계'에 포함되어 있다.

2. 세계의 발전인가, 지역의 발전인가?

A. 기업들의 이익인가, 지역의 이익인가?

하나의 국가는 복합적인 목표를 지니고 있다. 그러나 핵심적인 목표는 국민들에게 행복을 보장해 주고자 하는 것이다. 하나의 기업은 이익을 내야만 한다. 유엔이나 국제노동기구 같은 국제 기구들은 다양한 목적을 지니고 있고 이 목적은 서로 모순되는 경우도 있다. 국제 기구들은 단체 또는 개인의 행복을 추구하고 그 목적은 경제적·사회적(교육·건강) 또는 환경적인 것일 수 있다. 다국적 기업의 상업적 논리는 한 지역의 개발과 발전의 논리에 항상 부합되지는 않는다. DHL이라는 미국의 항공화물 수송회사가 1996년 가을 프랑스 스트라스부르에 지사를 내려는 시도가 실패를 거둔 것은 이 점에 있어서 상징적이다. 주민들이 밤마다 비행기가 열일곱 번 이착륙하는 것을 용인하지 못하겠다고 함으로써 이 회사가 들어오는 것은 무산되었다. 그렇지만 이 회사가 들어왔다면 그 지역에는 1천1백 개의 새로운 일자리가 창출되었을 것이다.

B. 체계–세계와 목적들간의 갈등

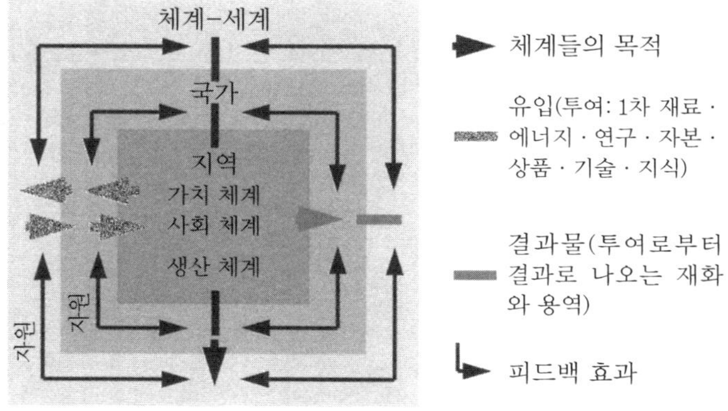

3. '소공간들'을 지키기

A. 합법적인 뿌리내리기

모든 사람은 '자기가 뿌리내린 지점,' 즉 일하고 살고 가능하다면 행복을 느끼는 그런 장소를 가지고 있다. 이런 소속감은 아주 중요하다. 심리학자와 사회학자들에 의해서 연구되는 이 영토성의 개념, 즉 한 주어진 공간에 개개인들이 뿌리박는 것이 지리에서는 핵심적인 역할을 한다. 여기서 우리는 프랑스의 국토에 대한 오래된 개념이 다시 태어나는 것을 본다. 국토는 국토 개발 방향에 관한 법 제9조에 의하여 "직업과 시설면에서 유대를 맺고 있으며 삶의 터전을 구성하는 균질한 지리적 틀"

이다. 실제로 몇십 개의 마을 정도 크기의 작은 지역은 문화적·사회적 통일성을 지닐 수 있고, 그 지역 사람들이 소속감을 느끼는 하나의 환경을 가질 수 있다. 예를 들어 프랑스에서 1백53개의 읍으로 구성되어 있고 5972.5제곱킬로미터의 크기인 바르라는 도(道)는 '강한 경제적·사회적 일관성을 지니는 5개의 작은 지역'(지역 사회 및 지역 경제 공동체)으로 나누어질 수 있다. 이 작은 지역은 또한 '일의 터전'이다. 그런데 세계화의 제약 앞에 놓여 있는 이 작은 지역이 앞으로 어떻게 될 것인가? 공장이 들어선다면 이 작은 지역의 삶은 급속도로(그렇지만 긍정적인 방향으로) 바뀔 수 있다. 실제로 르뭐드 돔 지역의 엘로이 레 민이라는 곳에, 록울이라는 세계 제일의 덴마크 절연체, 석면 제조회사가 1960년부터 들어서서 하청을 제외하고도 4백50명의 직원을 지닌 공장을 운용하고 있다. 1995-1996년 사이에 이 회사는 이곳에 2억 프랑을 투자할 수 있었다. 그러나 일터의 폐쇄는 이 작은 지역의 **구조를 완전히 뒤집어엎어 놓았다.** 1960년대부터 '지역에서 살고 죽어야만 한다'는 슬로건이 나온 것은 바로 이런 논리 안에서이다. 세계화와 함께 유동성(인력의 유동성, 직업의 유동성, 기술의 유동성)은 더 중요하게 되었고, 자신의 마을, 자신의 고향에서 사는 것이 아주 어렵게 되었다. 개발도상국가에서는 이런 변화가 더 커서 대규모의 농촌 이탈 현상이 종종 일어나고 있다. 중국에서는 농촌을 떠나는 사람의 수가 2억 5천만 정도로 추산된다. 육지의 중국(중국 내륙)으로부터 물의 중국(중국 해안 접경 지역)으로 농촌 인구가 대규모로 이탈하고 있다. 이런 조건하에서는 아주

대규모의 인구 집중 지역, 거대 도시에 지배되는 '도시-지역'
과 풍요한 농촌 지역 중간에 종종 공동화된, 정체를 알 수 없는
중간 지역들이 존재한다.

B. 공동화되는 공간들

세계화의 요구에 맞서서 인간은 경쟁력*과 이윤 창출의 제약
을 만족시키기 위해서 한곳으로 집중되고 있다. 지구의 인구가
아주 불균형적으로 분포한다는 것은 새로운 사실이 아니다. 그
렇지만 오늘날, 지역들 사이의 경쟁은 더 격렬해지고 있다. '좋
은 입지 조건'을 지닌 지역은(이 조건이란 것이 계속적으로 변화
하지만) 자본을 유치한다. 그러므로 발전하는 중심부들 앞에
다소간 소외된 지역들이 나타난다. 그래서 '비어 있는 프랑스'
(베테이, 1981)는 36개 도에 걸쳐서 약 2천8백만 헥타르에 달한
다: 황무지·숲, 사람이 살지 않는 지역, 인구의 고령화. 프랑
스의 3천6백 개 면 중에서 3분의 1이 바로 이런 상황에 처해 있
다. 오늘날 일자리의 4분의 3은 도시에 있다. 그리고 2005년
이면 프랑스 인구의 85퍼센트가 도시 지역에 살게 될 것이다.
종종 20-30킬로미터만 나가도 두 종류의 상반된 지역이 나온
다. 하나는 사람이 살고 경제적으로 윤택한 지역, 나머지 하나
는 사람이 살지 않는 지역. 국내 총생산에 있어서 세계 제2위
의 경제 대국인 일본의 경우, 공간의 집중 현상은 충격적이다.
일본 인구의 50퍼센트가 국토의 동남면에 거주한다(이곳은 거
대 도시를 이룬다). 그리고 도쿄에서 후쿠오카에 이르는 국토의

동남면은 놀라운 '단계 경제'를 구성하고 있다. 즉 8천만 명의 사람이 국토의 3퍼센트에 거주하고 있다! 이런 일본의 상황은 19세기의 산업 혁명부터 시작되었다. 그리고 이는 오랜 역사적 유산일 뿐 아니라 특히 바다로 향하는 대외 지향적 경제에 기인한 것이라는 점을 말해야 한다. 그렇지만 이와 반대로 국토의 5분의 4는, 특히 북쪽과 서쪽 지역에는 사람이 거의 살지 않는다. 그러므로 글로벌화는 일본 내 인구의 이런 움직임을 더욱 더 가속시키고 농촌을 불안정하게 만들 것이다. 오늘날 핵심적인 문제는 일자리이다. 아주 많은 도시와 소지역에 이제 일자리가 아주 드물다. 파스칼 로트카즈가 언급한 것처럼 "프랑스 국토의 절반 정도에는 이제 다시는 사람이 살지 않을 것이다." 국가는 이런 이탈 현상을 억제하고 '복귀의 중심지'를 만들고자 애쓴다. 그리고 위기에 처한 지역에 학교와 우체국을 유지시키려고 노력한다. 잠재적 관광 자원조차도 없는 시골 지역들은 이제 다시는 사람들이 살 가능성이 희박하다. 1인당 국민 소득의 편차가 1에서 3.5까지 벌어지는 유럽연합 내에서도 지역간의 편차는 아주 크다. 프랑스에서는 1인당 연간 평균 소득이 1994년 일드프랑스[10] 지역의 경우는 8만7천2백46프랑이었고, 리무쟁[11]은 6만3백92프랑이었다. 그러므로 민족-국가*는 위험스런 지역간 편차를 피하기 위해서 그들의 국토를 다시 균형 발전시켜야 하는 의무를 지니고 있다.

---

10) île de France: 파리가 속해 있는 수도권 지역. 〔역주〕
11) Limousin: 프랑스 중부 내륙 지역. 〔역주〕

18

국가의 새로운 역할

1. 세계화의 포로?

A. '고전하는 국가'

세계화 시대에 국가가 지니는 새로운 역할에 대해서 성찰을 한 장 프랑수아 다귀장은 세계화 시대에 국가는 일견 고전하는 것 같고 약화된 것처럼 보인다고 말한다. 그러나 그것이 흔히 말하는 것처럼 '국가 군림 시대의 종말'을 뜻하는 것인가? 실제로, 국경의 침투성을 포함한 새로운 조건들은 국가 그 자체의 유용성에 대해서 의문을 제기하고 있다. 많은 철학자와 경제학자들이 민족–국가*는 지나간 과거의 실체이고, 세계화에는 부적합한 존재라고 계속해서 이야기하고 있다. 또 어떤 이들은 국가가 도태 과정에 있는 '공룡'이 되었다고 생각한다. 오마에나 후쿠야마도 기본적으로 같은 생각을 갖고 있다. 그렇지만 민족이란 정의하기 어려운 개념이다. 중상주의자들의 '민족–회사'에서부터 페루의 경제적 공간으로서의 민족의 개념에 이르기까지 민족을 바라보는 관점은 많은 변화가 있었다. 민족은 국가와 동일한 것이 아니다. 그리고 민족은 문화적 공동체를 전제하는 것이다. 그러므로 국경에 의해서 한정된 하나의 지리적 공간이 있다고 해서 반드시 그 안에 하나의 민족이 존재하는 것은 아니다. 역으로 팔레스타인 사람들처럼 그들이 원하는 국토는 없다고 해도 하나의 민족이라는 감정을 공유할 수 있다. 국가와 민족이 서로 일치한다는 것은 인구 전체가 균질성을 갖고 하나의 동일한 소속감을 가지며 전 인구가 '함께 살고자 하는 하나의 의지'를 공유하고 있음을 전제한다. 유고슬라비아나 구소련이 이 점에서 그 예가 된다고 하겠다. 아무튼 국가의 주권은 '세계적 견해,' 즉 어떤 가치 주위로 다양한 민족들을 모이게 하는 수렴 현상이 탄생함으로써 지금 위협을 받고 있다. 이에 관한 예로, 자키 라이디는 1996년 프랑스의 핵실험에 반대하는 국제적 여론의 그 엄청난 규모에 모두가 놀랐던 사실을 상기시켰다. 매스컴과 전세계의 텔레비전은 모든 국가들에게 이제는 더 이상 한 국가만의 견해가 아닌 그런 견해를 주입시키고 있다.

B. '점점 더 많아지는 거지들'

국가의 쇠퇴 가설을 받아들이는 케니치 오마에는 한 걸음 더 나아가 몇몇 경제적 지역들은 권력을 독점하며 등극하게 될 것을 예견한다.(《민족-국가에서 지역-국가로의 이행》, 뒤노 출판사, 1996) 아주 까다로운 조건을 제시하는 국제적 투자는 조건이 더 유리한 지역이나 역동적인 지역으로 향하게 된다. 바로

이 지역들이 세계화의 승리자들이다. 그러므로 이 가설에서 중
심부들은 진정한 결정권자들이 된다. 왜냐하면 그들은 다국적
기업의 본사들을 독점하고 부를 축적하며 최상의 활동을 하기
때문이다. 대기업들은 상대적으로 큰 이점이 있는 곳에만 기업
을 두고, 모기업에 이익이 있다고 판단되는 곳에서만 자신들의
부를 사용하면서 여러 나라에서 부를 취해 간다. 이런 구조에
서는 일종의 이기주의가 지배한다. 왜냐하면 부유한 지역은 이
제 더 이상 가난한 지역을 돕지 않기 때문이다. 이탈리아 북부
의 롬바르디아 리그[12]는 파다니[13]나 메조지오르노[14]를 위해서
지출하기를 원치 않는다. 오마에에 의하면 이런 논리적인 변천
속에서, 구태를 벗어나지 못하는 지역이나 도태되는 지역은 그
들의 운명을 받아들이거나 스스로 변화를 해야 한다. 어쨌든
이런 국가에 대한 불신이 민족주의가 고양된 수많은 지역에서
나타난다. 유럽에서는 경제적 그리고 사회적 위기들이 발론[15]이
나 플랑드르[16] 지역, 북아일랜드나 스페인 바스크 지역의 정체
성 요구와 합쳐져서 나타난다. 지구가 하나의 마을이라면 "이
마을에는 실제로 점점 더 많은 거지들이 생기고 있다."(톨로티,
1996) 역설적으로, 세계화에 의해서 위협을 받는다고 믿는 사
회들은 그들의 차이를 주장한다. 1997년 9월 독자적인 의회를

---

12) **Ligue lombarde**: 이탈리아 북부 롬바르디아 주의 정치적·경제적 독
립과 자율을 요구하는 정치 운동 단체.〔역주〕
13) **la Padanie**: 이탈리아 북부 지역 전체를 지칭함.〔역주〕
14) **Mezzogiorno**: 남부 이탈리아를 지칭함.〔역주〕
15) **Wallonie**: 프랑스어권의 남부 벨기에 지역.〔역주〕
16) **Flandre**: 네덜란드어를 사용하는 북부 벨기에 지역.〔역주〕

갖기로 결정한 스코틀랜드의 국민 투표는 특수주의를 주장하려는 이러한 의지를 잘 보여준다. 프랑스에서조차도, 1991년의 한 여론 조사는 프랑스인 64퍼센트가 자신들의 미래는 자신들이 속한 면 안에 있다고 생각한다는 것을 보여주고 있다. 그러니 오래된 질문을 다시 제기하게 된다: 민족이나 국가라는 것이 무슨 소용이 있는가?

C. 적응하지 못한 국가?

국가가 과연 효율적인가? 아주 고전적인 이 논쟁은 세계화와 함께 다시 커다란 논쟁거리가 되었다. 자유주의자들이 생각하는 국가는 조심성이 있어야 하고 서툰 개입을 통해서 시장 기능을 왜곡시키지 않아야 한다. 19세기에 샤를 뒤누와이에는 국가라는 공공 권력에 대한 불신을 다음과 같이 재치 있게 말했다: "국가가 잘할 때 국가는 잘못하는 것이고, 국가가 잘못할 때 국가는 잘하는 것이다." 이 시기부터 대부분의 나라에서 국가는 점점 더 많이 개입을 한다: 사회적 필요, 국토 개발, 교육. 그러므로 국가는 생산자요 소유자요, 소비자이고 바로 그럼으로써 그 역할은 필요 불가결한 것이 된다. 이런 국가 장치에 대한 비판이 가장 거세게 인 곳은 당연히 미국이었다. 예를 들어 1986년 노벨상 수장자인 제임스 뷰캐넌과 같은 경제학자가 속해 있는 버지니아의 '공공 부문의 선택 이론(Public Choice)학파'는 이런 공공 서비스에 대해서 아주 비판적이다. 그에 의하면 국가는 '근시안을 가진 로빈후드'인 것이다. 시민에게 있어서는 비용이란 개념은 사라진다. 왜냐하면 국가가 비용을 대기 때문이다. 공기업의 크기가 커지면 커질수록, 소비자는 점점 더 **무임 승차**를 하는 듯한 태도를 취하게 될 것이다. 프랑스 파리 지역에서는 하루에 공공 교통 기관을 무임 승차하는 사람의 수가 30만 명에 달한다……. 분명 이런 상황은 과중한 세금 부담으로 이어질 것이고, 누가 세금을 지불하느냐는 문제가 제기될 것이다. 전지전능한 국가 모델인 공산주의 체제의 붕괴는 이런 정부의 역할이 야기하는 폐해가 과연 무엇인가 하는 문제를 한층 더 제기하게 만들었다. 국가의 역할에 대한 비판이 가장 강렬한 분야는 아마도 경제 분야일 것이다(이에 관한 고전이라 할 수 있는 참고 문헌으로는 크로제의 《국가에 대한 경제적 분석》(Cursus 총서, 아르망 콜랭 출판사)가 있다). 정부가 행하는 모든 행동이 반드시 정확한 정보에 입각해서 이루어지는 것은 아니다. 게다가 정부의 개입은 종종 시기적으로 적절하지 않아서 너무 이르거나 너무 늦는 경우가 많다.

2. 복권되는 국가

A. 핵심적인 경제적 역할

국가가 약화된다는 모든 주장에 맞서서, 국가는 모든 국제적인 결정과 전세계의 다양한 권위체들에 대항할 수 있는 주체라는 주장 또한 존재한다. 헤들리 불은 만약 민족-국가*가 더 이상 존재하지 않는다면 이 세계는 통제력을 잃은 세상이 될 가능성이 아주 많다고 생각한다. 이런 조건하에서, 경제의 자유화는 국가로 하여금 세계 경제에 대해 한층 더 신경을 쓰도록 만들고 있다. 냉전과 더불어 지정학이 모든 나라에 부여되었다. 그렇지만 세계 강대국들간의 전쟁 위험이 사라진 오늘날, 경쟁 관계는 경제 분야로 옮아갔다. 미국의 전 국방장관이 말한 것처럼 "국가 안보를 위해서 우리가 해야만 하는 가장 중요한 일은 이제 경제를 강화하는 것이다." WTO와 같은 기구에 대해 미국이 영향력을 행사하고 있다는 것을 모르는 사람은 이제 아무도 없다. 미국은 가능한 경우라면 항상 자국의 이익을 보호하려고 한다. 1989년 소련이 사라지기 전에 《비즈니스 위크》지가 행한 여론 조사는 경제적 주도권의 문제가 얼마나 중요한지를 잘 보여주었다. "미국에게 가장 큰 위협을 가하는 것은 무엇이라고 생각하는가?"라는 질문에 대해서 미국인의 68퍼센트는 일본의 경제 위협이라고 대답했다! 좀더 최근에 러시아에서는 KGB가 산업 스파이단으로 그 성격을 바꾸었다! 1992년, 러시아의 새로운 정보 기관 책임자는 다음과 같이 분명하게 말했다: "이 정보 기관의 목적은 국가의 경제 발전 및 과학과 기술 발전에 유리한 조건들을 제시하는 것이다." 그러나 국가의 기능은 경제적인 측면에만 국한되는 것이 아니다. 그것의 기능은 사회적 기능과 문화적 기능을 포함하는 것으로 복합적이다. 미셸 위녹이 말하는 것처럼 "국가는 공공 생활의 특권적인 장소, 가장 많은 공통의 문화와 관습, 그리고 가치들이 집결된 곳, 인간들 사이의 거대한 유대의 장으로 여전히 남아 있다."(《역사》, 7-8월호 1996)

B. 장기적인 비전

그렇지만 이브 라코스트는 "세계화는 (…) 국가에 내적 일체성을 강화시켜 줄 수 있는 새로운 기회이다"라고 생각한다.(《프랑스 지리경제학지》 1호, 1997) 다양한 분야에서 수많은 요인들이 국가 역할이 부활할 것을 보여주고 있다. 기업의 논리는 이윤 추구의 논리이고 이는 극히 당연한 것이다. 그러나 국가는 기업들에게 유리한 환경을 만들어 주면서 장기적인 관점에서 목표를 가져야만 한다. 국가는 문화와 교육의 영역에서 근본적인 사명을 지니고 있어야만 한다. 1991년 필리프 델마는 산업의 글로벌 전략 안에서 국가가 해야만 하는 역할을 다음과 같이 명료하게 표현했다: 국가의 역할은 일정을 짜는 것이다. 국가는 그 국가에 속한 기업들이 시장을 정복하도록 유도하고 정보를 제공하며 도울 수 있다. 미래에 대한 예측도 국가 기능의 일부분이다. 일본에서는 통산성의 역할이 이 점에 있어서 아주 모범적이다. 통산성이 하는 일은 크게 세 종류이다: 상업적인 기능, 산업적인 기능 그리고 특히 정보와 신기술 연구의 임무. 미래를 미리 예견하는 국가는 그 국가에 속한 기업들을 도울 수 있다. 그리고 이 기업들은 그 기업이 속한 나라와 밀접하게 관련을 맺고 있는 문화와 정체성을 지닌다. 레이 크록이 만든 맥도널사나 조반니 아그넬리와 함께하는 피아트 자동차 회사 공장이 어느 나라 기업인지를 모르는 사람이 어디 있겠는가? 오늘날 각 나라 정부는 그 정부가 클린턴 정부든 중국 정부든 간에 모두가 그 나라의 무역 사절단들이다. 그러므로 국가가 그 능력을 발휘해야 할 곳은 바로 '국가 차원에서 중-장기적으로 세우는 계획'에 있는 것이다.(다귀장, 1997) 또한 국가는 영토 내에 존재하는 사회 집단들을 보호해야만 한다. 그리고 국가는 국가 전체의 연대성이라는 관점에서 뒤쳐진 부분들을 발전시키면서 불평등을 해소시켜야만 한다.

19

세계의 '지역들'

1. 스스로를 보호하는 방법

A. 근접성: 오래된 제약

세계화와 함께 지리는 그 고유의 권리를 다시 확인받는다. 국경을 넘어서는 동영상에도 불구하고 거리·인접성은 여전히 똑같이 중요한 역할을 하기 때문이다. 우리가 잘 아는 것처럼 "인간과 인간의 활동 장소는 거리에 기반을 두고 있는 규칙의 지배를 받는다."(게이, 1995) 국가간의 지역적인 연대는 19세기 독일 국가들의 관세동맹(Zollverein)이나 1949년에 설립되어 구소련을 중심으로 인민 민주주의 국가들을 한데 묶은 동유럽 경제협력체(COMECON)의 예만 보더라도 아주 오랜 역사를 지니고 있다. 냉전과 보호주의는 오랫동안 이런 연대의 모색을 제한시켰다. 그렇지만 무역의 자유화와 함께, 이웃하는 나라들을 한데 묶거나 공통적인 문화로 서로 연결되는 나라들을 한데 뭉치게 하는 지역적 연대들이 생겨났다. 그래서 역설적이지만, 1980-1990년간의 기간 이래로 2개의 무거운 경향이 병행해 오고 있다. 그 한 경향은 글로벌화와 세계 경제의 통합화이다. 그리고 나머지 한 경향은 동일한 지역 속에 위치하는 국가들을 서로 연결시키는 지역 논리이다. 이런 지리적 인접성은 문화적 단일성이나 경제적 단일성을 의미하는 것은 아니다. 그러나 지리적으로 멀다는 것은 그런 차이를 더욱더 벌린다는 점은 분명하다. 유럽에 관해서 브로델은 다음과 같이 말한다: 모자이크화를 닮은 '아주 일찍 형성된 (…) 물질적 공간,' 즉 유럽은 아주 가까이에서 보면 변화무쌍하지만 멀리서 보면 '분명하게 드러나는 전체적인 하나의 그림'을 나타낸다. 1961년 아시아 여행에서 돌아온 작가 아서 케스틀러도 유럽은 인도나 일본에서 바라보면 분명히 어떤 일체성을 지니고 있다고 말한다: "나는 공간 속의 유럽이 지니는 단일한 역사, 다양성 속에서의 단일성, 그리고 변화 속에서의 연속성을 더 잘 깨닫게 되었다."

B. 지리는 그 고유의 권리를 다시 회복한다

수많은 경제 연합체들이 창설되는 것이 오늘날의 특징이다. 그렇지만 이 연합체들은 연합도에 있어서 동일하지 않고 또 연합체들 중에는 성공한 것도 실패한 것도 있다. 지풀루는 경제적 연합이 반드시 지리적인 인접성과 관련을 맺는 것은 아니라는 사실을 상기시킨다. 호주나 뉴질랜드는 공통의 언어나 사회 제도에 의해서 영국과 '밀접'하다. 이처럼 국가간의 협력은 종종 오랜 역사가 낳은 결과인 것이다. 종종 이 새로운 경제적 '지역'들은 수세기 전부터 있어 왔던 흐름을 규칙화하는 것일 뿐이다. 국경이란 인위적인 한계이다. 장 르누아르의 영화 〈위대한 환상〉(1937)에 나오는 한 인물은 바로 그런 문맥에서 "국경은 눈에 보이지 않는다. 그것은 인간이 만든 것이고 자연은 이를 무시한다"라고 말하고 있는 것이다. 그래서 지역의 '블록들'(15개 회원국의 유럽연합,[17] 북아메리카의 **NAFTA**, 남아메리카의 **Mercosur**가 그 예이다)이 형성되고 있다. 이것들은 국가간 유대의 진정한 재구성이다. 국가들은 늘 쌍방적 관계를 맺고 있었다. 그러나 오늘날에는 다자간의 관계가 증가하고 있다. 그렇지만 이 새로운 전세계적 구성에는 삼각의 형태를 다시금 보게 된다. 실제로 자유 무역의 이런 경제 지역들이 생겨나는 것은 지배적인 3개의 중심부(미국 · 유럽 · 일본)를 중심으로 한 것이다. 그러나 인도 · 중국 · 아시아의 용들과 같은 새로운 세력들의 발전, 몇몇 나라들의 고양된 민족주의 또 미국 제국주의에 대한 공포는 이런 제휴라는 미묘한 게임을 복잡하게 만들고 있다. 이 새로운 경제적 '지역'들은 그 지위에 있어서 아주 다양하다. 우선 이웃 나라들간의 관세 장벽이 사라진 자유 무역 지역을 구별해 낼 수 있다. 이런 지역에서는 지역 외부에 대해서는 공동으로 적용하는 일련의 관세율이 있다. 유럽연합이나 **Mercosur**는 진정한 관세 연합이다. 반면에 **NAFTA**는 자유 무역 지역에 불과하다. 아무튼 이런 지역 협약들은 하나의 지리적 지역의 통합을 도모한다. 삼각 형태의 중심부(미국 · 유럽 · 일본)는 그 힘으로 세계 시장을 지배한다. 그리고 주변 국가들은 이런 특권

---

17) 2006년 현재 유럽연합의 회원국은 25개로 늘었다. 〔역주〕

층의 '클럽'에게 스스로를 인정받고자 애쓴다. 이 중심부들 주위로 이 역동적인 중심부에 통합되기를 원하는 국가들이 모여든다. 식민지 지배의 전통을 지닌 유럽연합은 아프리카나 남아메리카의 국가들과 관계를 맺는다. 이런 연대 앞에서 소외를 받는 지역들이 나타난다. 검은 아프리카는 중앙아프리카의 CEEAC(Communauté Économique des États de l'Afrique Centrale, 중앙아프리카 경제 공동체), 서아프리카의 CEDEAO(Communauté Économique des États de l'Afrique de l'Ouest, 서아프리카 경제 공동체)와 같은 멋진 이름을 지닌 공식적인 조직들을 갖고 있지만 진정한 의미의 연합체는 거의 없다고 하겠다. 지중해 지역과 위기에 위기가 연이어 지는 중동 지역에서는 알제리에서 이스라엘에 이르기까지, 그리고 경제 봉쇄를 당하고 있는 리비아에서 이란에 이르기까지 '진정한 지역 연합의 모색' 조차도 존재하지 않는다.(F. 고드먼) 아무튼 구소련에 속한 국가들로 이루어진 독립국가연합(CIS)을 논외로 하더라도 전세계적인 몇 개의 '지역' 들이 나타난다는 것은 주목할 필요가 있다.

C. 5개의 주요 지역 조직

이름	회원국	발효 시점	지역의 비중
NAFTA 북아메리카 자유 무역 협정	캐나다, 미국, 멕시코	1994년 1월 1일 칠레 가입 예정. NAFTA는 2005년까지 미주 대륙 전체를 자유 무역 지대로	전 세 계 국 내 총생산의 31퍼센트, 3억 9천만 명의 인구.

		만드는 것을 목표 로 함.	
남아메리카 공동 시장	아르헨티나, 브라 질, 파라과이, 우 루과이	1995년 1월 1일 1996년: 칠레와 볼 리비아가 부회원국 으로 가입.	전세계 국내 총 생산의 3퍼센 트, 2억 명의 인 구.
아시아· 태평양 경제 협력체	호주, 버니, 캐나 다, 칠레, 중국, 한 국, 미국, 인도네 시아, 일본, 말레 이시아, 멕시코, 뉴질랜드, 뉴기니, 파푸아, 필리핀, 태국, 싱가포르, 대만	1989년 아시아, 베트남, 페 루가 1999년에 가 입 예정.	전세계 국내 총생산의 60퍼 센트, 전세계 인 구의 50퍼센트.
ASEAN 동남아 국가 연합	버마, 버니, 인도 네시아, 필리핀, 말 레이시아, 싱가포 르, 태국, 라오스, 베트남, 대한민국 (특별 지위)	1967년 캄보디아, 파푸아, 뉴기니(옵서버)	전세계 국내 총생산의 2퍼센 트, 4억 6천만 명의 인구.
유럽연합	독일, 오스트리아, 벨기에, 덴마크, 스페인, 핀란드, 프랑스, 그리스, 이탈리아, 아일랜 드, 룩셈브루크, 네덜란드, 포르투 갈, 영국, 스웨덴	1995년 1월 1일 동유럽과 중앙유럽 국가들이 회원 후보 국이다.	전세계 국내 총생산의 29퍼 센트, 3억 7천만 명의 인구.

2. 위협을 받는 삼각의 중심부

A. 유럽연합: 스스로를 보호하기

유럽연합은 1993년 11월 1일부터 유럽경제공동체(**EEC**)를 대체한 조직이다. 이미 역사가 오래되었고 연합체의 성격을 계속 발전시킨 이 '지역'은 조금씩 그 규모가 커져 왔다. 최초의 6개 나라에서 12개 나라가 되었고 1995년 1월 1일 핀란드·스웨덴·오스트리아가 가입함으로써 15개국으로 다시 늘어났다.[18] 많은 나라들이 유럽연합에 들어오기를 원하고 있다: 옛 공산주의 국가들, 터키·키프로스·몰타. 처음에 이 연합은 높은 경제 수준을 지닌 인접 국가들만의 연합체였다. 즉 영국을 제외한 상태에서 기본적으로 북서유럽 지역의 연합이었다. 연합은 조금씩 조금씩 발전해 나갔다. 산업 협정이 공동의 농업 정책으로 확산되었고 단일 통화에까지 이르렀다. 회원국가 수의 증가는 잘사는 나라들과 상대적으로 그렇지 못한 나라들 사이의 격차를 더욱더 드러내게 되었다. 구매력의 척도인 1인당 국민 소득에서 룩셈부르크는 그리스의 3배가 된다. 폴란드가 유럽연합에 가입한다면, 그 격차는 1 대 6으로 더욱 커지게 된다. 전세계적으로 보면 유럽연합은 생활 수준이 높은 나라들의 집합체

---

18) 2004년 5월 1일을 기해 10개 국가(체코·슬로바키아·헝가리·폴란드·라트비아·리투아니아·에스토니아·슬로베니아)가 새로 가입함으로써 회원 국가는 모두 25개국이 되었다.〔역주〕

라고 할 수 있다. 유럽연합은 전세계 총 생산량의 3분의 1을 점유한다. 그럼에도 불구하고 유럽 사람들은 세계화를 두려워하고 있다. 연합의 형태로서만이 유럽은 미국이나 아시아와 경쟁할 수 있다. 그러므로 15개 회원 국가는 단일 통화를 실현하기 위해서 장기적으로 이자율을 낮춘다거나, 인플레이션을 제한하거나, 실업을 억제하고 성장을 증대하는 것과 같은 서로를 더욱더 수렴시키는 기준들을 채택해야만 한다. 아무튼 분명한 것은 유럽연합이 오늘날 전세계에서 가장 발전된 형태의 경제 지역을 구성한다는 사실이다.

B. 형성중에 있는 하나의 아메리카

NAFTA(북아메리카 자유 무역협정)는 1994년 1월 1일부터 미국 · 캐나다 · 멕시코를 한데 묶고 있다. NAFTA는 21세기에는 '아메리카 대륙 전체를 자유 무역 지대'로 만든다는 야심을 갖고 있는 자유 무역 지대이다. 1993년에 인준이 된 NAFTA는 미국 팽창주의의 승리를 인정하고 있다. 이 엄청난 규모의 시장은 경제적 잠재력이 어마어마한 나라들을 한데 묶는다. 그렇지만 이 연합체는 다양한 문화적 정체성들을 포함하고 있다. 이런 상황을 퀘벡 라발대학교의 빌뇌브는 다음과 같이 말한다: "전통적으로 라틴아메리카에 속해 있는 것으로 인식되는 멕시코는 아주 최근부터, 그리고 잘못해서 앵글로색슨 아메리카라고 부르는 지역에 합류했다. 이런 범미적인 움직임이 과연 계속될까?" MERCOSUR(남아메리카 공동 시장)는 흔히 '남쪽으로 뻗은 뿔'

이라고 부르는 지역을 구성하는 라틴아메리카의 국가들을 한데 묶는다: 아르헨티나 · 브라질 · 우루과이 · 파라과이. 1991년에 생겨난 이 조직은 진정한 관세 연합이다. 브라질은 이 지역의 견인차 역할을 한다. 볼리비아가 최근에 이 그룹에 합류했고 칠레는 부회원국이다.[19] OECD에 의하면 이 연합은 그 기능이 원활히 발휘되고 있고, 회원국들간에 교역이 증가하고 있다. 그렇지만 이 지역의 국내 총생산*은 유럽연합의 단지 7분의 1 수준이다(파라과이의 1인당 국민 소득은 미국의 7분의 1 정도이다). 상파울루는 아마도 1천2백만 평방 킬로미터에 달하는 이 경제 조직의 중심이 될 것이다.

C. 태평양: 21세기의 대형 시장

ASEAN(Association of South East Asian Nation)은 동남아시아 국가들로 결성되었다. 1967년에 만들어진 이 조직은 정치적 성격과 경제적 성격을 동시에 갖고 있다. 냉전 체제가 사라짐과 함께 지정학이 변화한다. 인도네시아 · 말레이시아 · 타일랜드와 같은 동남아시아 국가들인 ASEAN의 회원국들은 공동의 두려움을 갖게 되었다. 그것은 남쪽 바다에 존재하는 중국의 제국주의이다. 게다가 이 지역의 국가들은 그들간에 자유 무역 지역을 만들었다. 이것이 AFTA(Asian Free Trade Association)이

---

19) 2005년말 베네수엘라가 정회원국으로 가입함으로써 MERCOSUR는 5개의 정회원국(아르헨티나 · 브라질 · 우루과이 · 파라과이 · 베네수엘라)와 2개의 부회원국(볼리비아 · 칠레)로 구성되어 있다. 〔역주〕

다. AFTA는 2008년까지 관세율을 5퍼센트로 줄이고 미국·일본·중국의 탐욕에 맞서 동아시아권을 형성하면서 ASEAN 제 상품 생산을 증진시키는 것을 목표로 하고 있다.

1989년에 창설된 APEC은 태평양 연안 국가들을 한데 묶는 조직이다. 조직력이 약해서 흔히 포럼이라는 명칭으로 불리는 이 조직은 NAFTA의 부유한 국가들과 아시아의 '용들' 그리고 일본과 호주가 속해 있어서 매우 다양한 국가들로 구성되어 있다. 이 조직의 목적은 21세기 초반까지 25억 명에 달하는 소비자들을 지니고 있는, 태평양의 두 연안에 위치해 있는 자유 무역 지대를 만들어 내는 것이다. 아시아는 미국의 영향력을 곱지 않은 시선으로 바라본다. 필리핀·인도네시아 같은 나라와 미국 사이에는 엄청난 편차가 있다. 1인당 국내 총생산이 1994년 기준으로 2만5천8백60달러인 미국과 2천5백10달러인 중국과는 함께할 방법들이 없다. 약소 국가들은 미국의 위세에 겁을 먹고 있다. 왜냐하면 자유 무역은 항상 지배 국가들에게 이익을 가져다주기 때문이다. APEC 정상회담에서 미국을 대표한 미키 캔토르는 자카르타에서 "우리의 농산자원과 (…) 공산품들이 자유롭게 유통되기 위해서 관세 장벽을 철폐해야만 한다"는 속내를 감추지 않았다. 한 아시아 기업 총수의 표현에 의하면 이 경제적 '협력 조직'은 실제로는 아주 불평등한 두 팀으로 구성되어 있다. '거인' 팀과 '난쟁이' 팀! 이런 근거 있는 염려에도 불구하고 APEC은 오늘날 전세계 교역량의 50퍼센트를 점유하고 있고, 전세계에서 가장 빠른 성장을 보이는 지역에 해당한다. 호주의 전문가들에 의하면, 이 지역에서 자유 무역이 발전되면

3천억 달러의 새로운 재화가 창출될 것으로 예측된다. 이 시장
은 이미 수많은 미국의 회사에게 번영을 가져다주고 있다(2백
만 명 이상의 미국인들이 이 시장 덕택으로 일자리를 갖고 있다).
APEC은 아마도 지금부터 2020년 사이에 전세계에서 가장 큰
자유 무역 지대가 될 것이다. 바로 이것이 1994년 11월 보고르
에서 열린 APEC 정상회담이 소망하는 바이다.

20

세계의 '기관차' 인 아시아

1. 놀라운 경제 실적

A. 고도 성장의 끝

아시아 국가들은 오늘날 전세계 인구의 60퍼센트를 차지하고 있다. 2025년에는 중국의 인구가 15억, 인도는 14억, 인도네시아는 2억 8천만 명 정도가 될 것으로 예측된다. 그러므로 세계화를 이야기하는 것은 21세기의 다양한 지역이 지니는 무게를 환기시키는 것 또한 된다. 그렇지만 우리가 1973년 이래로 경제 성장률을 살펴보면 그 결과는 놀랄 만하다. 왜냐하면 아시아는 아주 인상적인 수치를 제시하기 때문이다. 아시아 지역 국내 총생산*의 평균 증가율은 '위대한 30년' 의 기간중 유럽이 보인 성장률과 같다. 예를 들어 동아시아에서 1인당 소득은 1960년 이래로 5배나 증가했다. 이런 변화를 연구한 앵거스 매디슨은 일본을 제외하면 "1973년 이후의 아시아는 황금 시기 동안보다 더 큰 성장을 이루어 냈다"고 판단한다.(《세계 경제》, 1820-1992, **OECD**)

그러므로 아시아는 1950-1970년의 일본의 경우와 유사한 그런 성장을 오늘날 보이고 있다(국내 총생산은 실질적으로 연평균 10퍼센트 가까이 성장하고 있다). 그러므로 이는 아주 빠른 성장이다. 이런 빠른 성장이 10년간 지속되면 그 국가의 경제는 구조적 변화를 겪고 '이륙'*이 시작된다. 이런 성장은 아주 유익하지만 인플레이션, 소득의 불평등, 인간적 희생, 오염 등의 부작용을 수반한다. 게다가 1996년 이래로 이런 성장세는 주춤하는데, 이는 아시아가 일련의 금융, 경제 위기를 겪기 때문이다. 그리고 전문가들은 이것이 아시아의 황금 시기의 종막을 나타내는 것인지, 아니면 발전의 새로운 단계의 시작을 나타내는 것인지 분석하고 있다.

B. 위기에 처해 있는 '모델'들

아시아 국가들의 성공은 일본의 뒤를 이어서 이들 국가들이 이처럼 빠른 성장을 하게 된 요인이 과연 무엇인가라는 의문을 제기했다. '용'들의 발전은 1960년대에 이런 역동성을 예측하지 못했던 경제학자들을 놀라게 했다. 어떤 경제학자들은 **아시아의 특별한 모델**은 존재하지 않는다고 분석한다. 그렇지만 문화라는 근본적인 설명에 의지하지 않고서는 이런 빠른 성장을 설명해 내기 힘들다. 라신이 강조한 것처럼 문화는 "한 사회체를 그것이 점유하는 공간과 시간 안에서 분석하기 위해서는 반드시 필요한 핵심적인 개념"인 것이다.(1988, 헤로도트) 아시아는 내부적으로 다양성을 보임에도 불구하고 그들이 거둔 성공을 설명해 낼 수 있는 공통점들을 지니고 있다: 유구한 문화, 많은 인구, 종교가 지닌 막대한 역할, 전 인구의 도덕적 합일, 교육이 지니는 중요한 역할. 19세기 이래로 일본은 훌륭한 교육 제도를 지니고 있다. 오늘날 여전히 가난한 나라인 필리핀의 경우 문맹률은 10퍼센트 정도에 그친다. 게다가 경제를 이끈 것은 종종 독재 정권을 포함한 강력한 정부이다. 국가의 개입은 성공의 한 요인이었다. 왜냐하면 계획과 중앙집권은 개방과 수출을 유리하게 만들었기 때문이다. 게다가 국가의 역할은 그 유명한 일본의 '기적'을 이루는 데에 기여했다. 이는 한국과 싱가포르의 경우도 마찬가지이다. 또한 아주 강력한 민족주의가 정부의 노력을 지지해 주었다. 마할키르 벤 모하메드는 **APEC** 정상회담에서 자신의 입장을 다음의 말로 함축했다: "아니라고 말할 수 있는 아시아." 이는 당연히 서방 세계를 향한 말이다! 로스토는 1960년에 이미 "민족주의는 (…) 전통 사회에서 근대 사회로 변천하게 하는 가장 강력한 동력들 중 하나이다"라고 지적했다. 이러한 성공 요인들에 더하여 특히 소련의 붕괴와 중국의 변화 이후에 벌어지고 있는 경제의 점증적 개방이 일어나고 있다. 아시아는 이제 노동집약적인 산업으로부터 좀더 높은 기술에 의존하는 산업으로 '질적 비약'을 하면서 1차 경제에서 전문 경제로 들어섰다. 필리핀의 경우 전자 칩이나 마이크로프로세서가 전체 수출의 50퍼센트를 차지하고 있다.

C. '종이 호랑이' 들인가?

그러므로 소위 말하는 신흥국들의 발전과 출현은 세계화를 특징짓는 하나의 사실이다. 같은 순간에 경제적인 수준이 아주 다른(물론 문화적 그리고 사회적 구조도 아주 다른) 나라들이 서로 공존한다. 아시아에서는 여러 '세대'들이 서로 동거하고 있다. NIES(Newly Industralized Economies)라고 불리는 타이완·한국·홍콩·싱가포르의 선구자적인 늙은 용들로부터 신흥국가(New Emerging Countries)라고 불리는 말레이시아·태국의 제2세대 국가들, 그리고 필리핀과 같이 미래가 좀더 불확실한 그 다음 세대의 국가들이 있다. 베트남이나 라오스처럼 옛 공산주의 국가이고 아직도 아주 가난한 나라들은 최근에 문호를 개방했고, 미얀마나 캄보디아 같은 나라들은 많은 문제에 봉착해 있다. 중국의 경우는 아주 특별하다. '시장 사회주의'의 출현과 함께 덩샤오핑에 의해서 주창된 개방 정책은 이 나라의 미래를 완전히 바꿔 놓았다. 이 나라가 내세우는 모토는 "자본주의를 사용하면서 외부 세계에 문을 열자"이다.(《인민일보》, 1992) 무절제한 은행 대출, 건전하지 못한 신용에 의해서 촉발된 아시아의 위기는 이렇게 새롭게 일어나는 아시아 국가들의 어려움을 잘 보여준다. 이 나라들은 금융 변화에 취약하고, 위험천만한 정책, 끝없는 부채라는 문제점을 갖고 있다.

2. 아시아-태평양: 주요 중심부

A. 사통팔달의 세계 경연장

아시아가 이제 세계의 핵심적인 요충지 구실을 하는 이상 일본과 중국의 라이벌 관계, 그리고 여기에 덧붙여지는 미국의 영향력은 더욱더 중요하다. 이에 대해 역사가 브로델은 다음과 같이 말했다. "아시아가 태평양에 익사를 한다." 1억 7천9백70만 평방킬로미터 크기의 대양 외에도, 중국이라는 바다는 세계 무역의 네번째 중심부가 되었다. 이미 전세계 해양 컨테이너 수송의 4분의 1이 북동아시아에서 이루어진다. 세계 은행은 금세기말[20)에 이르면 세계 경제 성장의 2분의 1이 동아시아와 동남아시아에서 이루어질 것이라고 예측한다. 이 지역에는 엄청난 수의 소비자가 있을 뿐 아니라 높은 저축률이 존재한다. 이런 상황 속에서 일본은 이 지역에 막대한 투자를 하고 신흥국가 지역으로 탈국지화한다. 이런 점에서 지금 아시아 내에서는 경제적으로 앞선 나라들이 덜 발전된 나라들의 값싼 노동력을 이용한다. 그렇지만 일본은 다시 한번 아시아의 중심이 되고자 하는 바람과 자국의 경제를 세계화하려는 바람 사이에 끼여 고민한다. 오늘날 이 오랜 역사의 나라는 노령화라는 고전적인 문제를 겪고 있다. 일본에서 성공한 '처방'이 때때로 다른 나라에

---

20) 20세기말. 〔역주〕

서, 또 아시아에서조차도 잘 먹히지 않는 경우가 있다. 아무튼 극동아시아 지역은 지금 완전히 재구성되고 있는 중이다. 일본 인들은 지금 호주 정부의 염려를 불러일으킬 만큼 호주에 막대한 투자를 하고 있다. 호주의 3차 산업과 부동산에 일본은 이미 2조 6천억 달러를 투자했다. 캔버라[21]는 호주인들이 곱지 않은 시선으로 보는 이런 아시아의 투자를 피하기 위해서 호주의 가장 중요한 투자국인 미국에 접근을 한다. 역으로 아시아는 유럽이나 미국에 맞서서 자신들의 가치를 주장하고 있다. 북경의 한 신문(《차이나 데일리》, 1996)이 강조하는 것처럼 '서구인들은 그들의 서구중심주의에 눈멀어 있고' 그래서 '서구인들에게 학대당하는' 동아시아 사람들은 피곤하다.

B. 위기: '위험'과 '기회'

1997년 이후 아시아는 흔히 말하는 '위기'를 겪고 있다. 다시 한번 더, 흔히 잘못 사용되고 있는 이 단어의 정확한 의미를 상기할 필요가 있다.(책 뒷부분에 있는 용어 해설을 참조할 것) 위기는 급작스런 단절이다. 수십 년간의 빠른 성장 후에 아시아는 마치 그 경제가 소란스런 **청소년기**를 거친 후 안정기에 들어선 것처럼, 그 리듬이 느려졌다. 금융의 불안정성, 주식 투기, 부패, 의심스런 채권, 견실하지 못한 은행들은 위험스런 환경을 만들어 내고 있다. 심각하게 문제 제기가 된다. **IMF**의 정책은

---

21) 호주의 수도로서 여기서는 호주 정부를 지칭함. 〔역주〕

신흥국가들에게 달러나 일련의 외환에 '들러붙으면서' 고정 환율을 유지하라는 것이었다. 1973년 이후로는 세계적으로 변동 환율 시스템이 지배적이다. 이 시스템은 G7에서 만들어졌다. 그러므로 그것은 이제 더 이상 전혀 변동이 아니다. 이런 조건 하에서 부유한 나라들은 신흥국가들에게 늘 물가 안정, 정부 예산의 균형, 엄격한 은행의 통제 등에 기초한 정석 같은 정책을 채택할 것을 권고했다. 오늘날 아시아를 흔든 금융 위기는 위기를 맞은 나라들 대부분이 갖고 있는 단기 채무와 맞물려 있다. 그런데 이 채무들은 달러로 이루어졌다. 그러므로 이 나라들의 화폐가 평가 절하된다면 이 위기는 한층 더 심화된다. 그렇지만 1997년 《파이낸셜 타임즈》지가 지적한 것처럼, 이는 위기와 혼란을 통해서만 빠져나올 수 있는 감옥과도 같은 고정 환율 제도보다는 그래도 이 위기를 덜 심화시킨다. 그러므로 아시아 신흥국가들의 어려움을 잘 요약해 주는 이런 금융적 차원의 문제들이 갖는 중요성을 잘 인식해야만 한다. 모든 아시아의 신흥국가들이 동일한 방식으로 위기를 겪은 것은 아니다. 은행 위기와 금융 위기를 동시에 겪은 태국·인도네시아·한국 같은 나라들과 금융 위기만을 겪은 싱가포르 같은 나라들 사이에는 큰 차이가 있다. 그러므로 이제부터는 시장 개방이 변동 환율과 경쟁을 접하면서 좀더 엄정하게 이루어져야 한다. 당분간 아시아는 좀더 건전한 발전의 길을 모색해야만 한다. 왜냐하면 아시아 역사의 한 페이지가 이미 넘어갔기 때문이다. 위기를 지칭하는 한자 단어는 이 점에 있어서 특별히 의미심장하다. 이 단어는 두 개의 한자어로 구성되어 있다. 첫 글자 危는 '위험'을

뜻하고 두번째 글자 機는 '기회'를 뜻한다. 그러므로 아시아는
노동, 교육 또는 민주주의와 같이 경제만큼 중요한 분야에서 발
전의 새로운 단계를 시작할 기회를 잡을 수 있다.

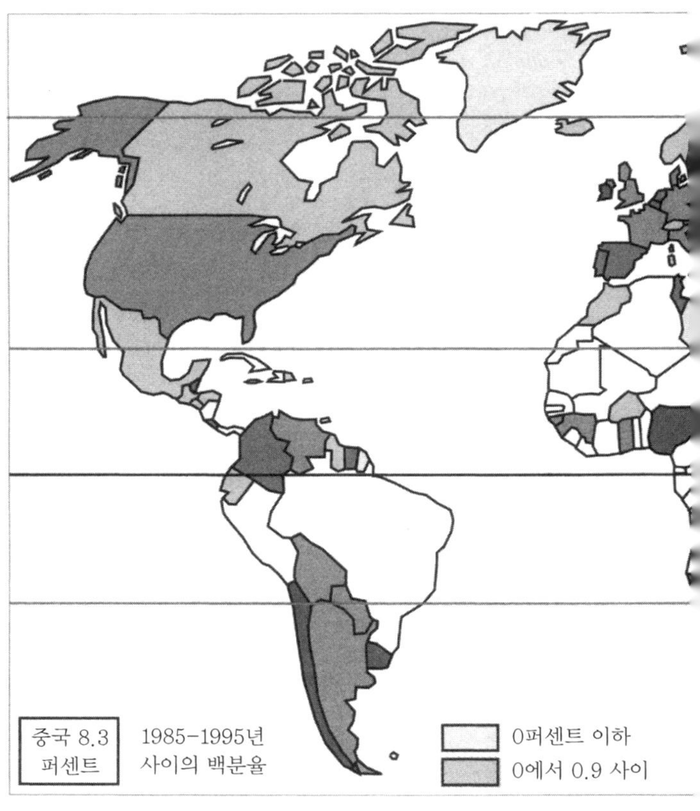

중국 8.3
퍼센트
1985-1995년
사이의 백분율
0퍼센트 이하
0에서 0.9 사이

1인당 국민 소득의 변화

중국 8.3
퍼센트
대한민국
7.7퍼센트
타이완
6.5퍼센트
인도네시아
6퍼센트
태국
8.3퍼센트
1에서 1.9 사이
2에서 2.9 사이
3 이상
자료가 없음

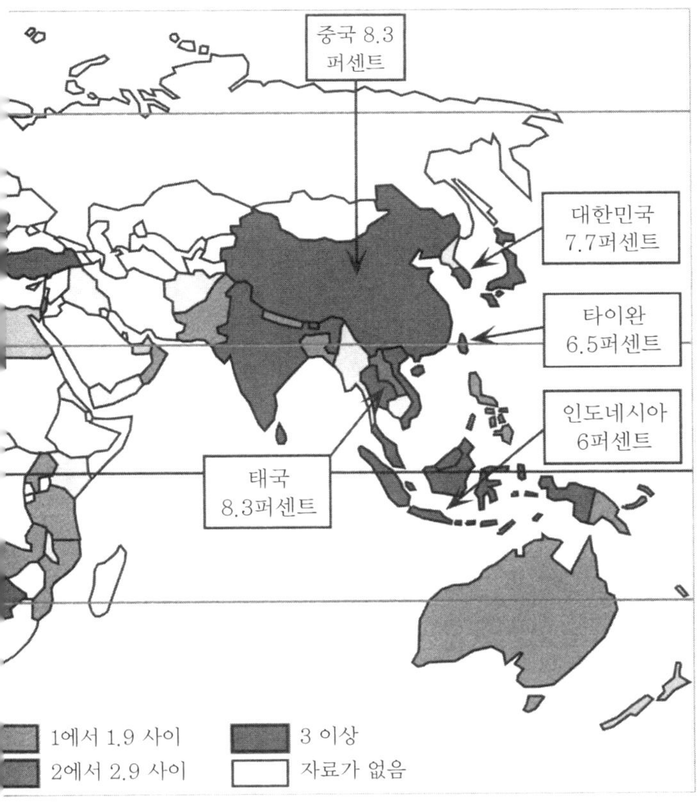

21

적응과 규제

1. 돌이킬 수 없는 과정

A. 세계 경제 속으로의 편입

무역의 자유화는 이제 돌이킬 수 없는 하나의 경향이다. **WTO**는 이런 무역의 자유화가 가져다주는 이익으로부터 혜택을 받는 나라가 점점 더 많아져서 종국에는 전세계가 이익을 얻게 될 것이라고 보고 있다. 1996년 한해 동안 해외에 대한 직접 투자는 놀랄 만큼 더 많아졌고, 빈곤국가에 대한 자본 유입은 34퍼센트가 증가했다. 전세계를 통해서 생산이 활발하게 이루어지고 있다. 유엔 무역개발회의의 전문가들에 따르면, 성장과 발전이 전세계로 파급될 것이라고 한다. 여기서 핵심적인 문제는 무역의 증가가 경제 성장에 어떤 효과를 미칠 것이냐는 것이다. 개발도상국가들을 저개발 상태에서 이륙*시키기 위해서는 물론 경제 성장이 필요하다. 그러나 이를 위해서는 경제 성장 이외의 다른 요소들도 필요하다. 개발도상국가들을 빈곤으로부터 벗어나게 하기 위해서 필요한 제 요소들 중 중요한 것들을 나열

하면 다음과 같다.

1. 인구의 집중.
2. 목표: 10퍼센트의 성장률.
3. 적절한 법률 체계.
4. 기업에 유리한 체제, 건전한 금융 경영.
5. 산업 수출의 장려.
6. 가격과 임금의 자유.
7. 투자의 자유.
8. 교육에 대한 우선적 배려.
9. 개발도상국 수출에 대한 선진국들의 문호 개방.
10. 적절한 정부의 개입.

실제로 경제학자들은 세계 무역의 폭발적인 증가가 어떤 효과를 낼 것인지에 대해서 의견의 수렴을 보지 못하고 있다. 질 생 폴은 이에 대해 다음과 같이 말한다: "어떤 이론들은 보호주의 정책에 가치를 부여하고 있고, 다른 이론들은 그 반대로 자유 무역을 절대적으로 지지한다."(《프랑스 경제잡지》, 1996)

B. 상대적인 개념인 경쟁력*

돌이킬 수 없는 하나의 흐름이 모든 국가들을 서로의 경쟁 상대로 만들어 놓았다. 이 점에 있어서 경쟁력이란 개념은 핵심적이다. 하버드대학의 제프리 작스에 의하면 "경쟁력이 있는 나라는 장기적으로 성장을 가능하게 하는 제도와 정치를 선택한 나라들이다.” 세계 경제 포럼의 순위에 의하면, 싱가포르·홍콩 그리고 미국이 국가 경쟁력에 있어서 선두에 있다는 사실을 어떻게 설명할 것인가? (프랑스는 25위이다.) 실제로 경쟁력은 한 사회의 잠재력과 역동성을 평가하는 것이지, 한 사회의 규모나 생활 수준, 역사를 평가하는 것은 아니다. 그렇지만 이 경쟁력은 상대적인 현상이다. 각 국가는 자신의 시스템과 모델을 갖고 있고 미국과 유럽은 스타일이 다르다. 한 나라는 자신의 고유한 환경에 맞게 서로 다른 전문 분야를 갖는 것이다.

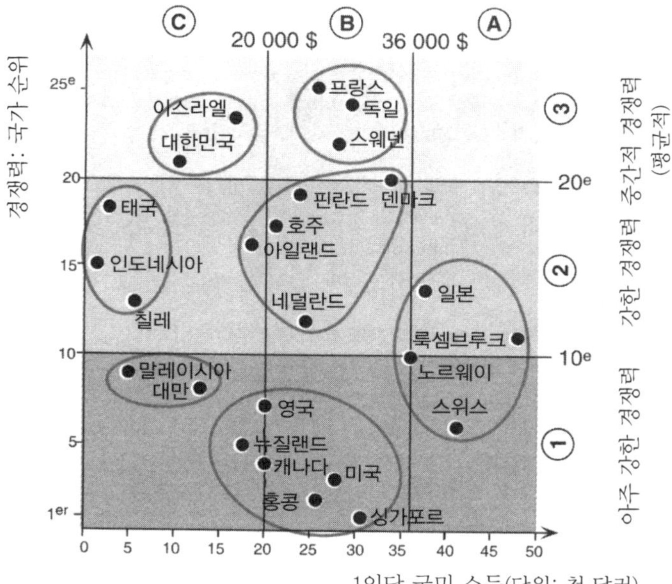

통계 출전: 세계 경제포럼(1997, 다보스포럼)

2. 세계화를 지배하기

A. 경쟁을 조직화하기

오늘날 무역 개방에 관해서는 전세계적으로 합일이 이미 이루어져 있다. 그러나 경쟁을 어떻게 조화롭게 할 것이냐 하는 문제는 여전히 남아 있다. 서로 아주 다른 경제 체제들이 병렬되어 있는 이 세계에 대해서 어떻게 공동의 규칙들을 부가할 수 있을까? 예를 들어 전세계에 있는 5-14세 사이의 1백50만 명에 달하는 어린이들의 노동(실제 수는 그 2배 정도일 것으로 추산한다)을 어떻게 규제할 것인가? 1996년 12월 싱가포르에서 열린 WTO회의에서 개발도상국들은 무역과 아동 인권을 관련 짓는다는 원칙에 결코 동의하지 않았다. 이 문제의 해결은 국제노동기구로 넘겨졌지만 이 기구는 '강제 노동의 철폐'를 전세계에 시행시킬 만한 힘을 갖고 있지 않았다. 실제로 많은 자유주의자들은 WTO가 노동의 문제를 해결할 필요가 없다고 생각한다. 무역의 자유화는 사회적 차원에 영향을 미친다. 그러나 국가 모델의 다양성은 하나의 조화를 이루게 하는 것을 어렵게 만든다. 파스칼 살랭이 강조한 것처럼 무역 자유화에 사회적 조항을 포함시키는 것은 "우리의 사회적 법률이 최선이다"라고 전제하는 것이다. 이런 상황 속에서 우리가 경쟁의 조건들을 조화롭게 만들 수 있을까? 신흥공업국가들의 성장*을 저해하지 않으면서 노동 비용을 어떻게 수렴시킬 수 있을까?

B. 최빈곤국가들을 발전시키기

사실 근본적인 문제는 가장 부유한 나라들을 더 부유하게 하는 것이 아니다. 세계화는 수렴,* 즉 국가·지역, 여러 사회 부류들을 나누고 있는 엄청난 격차를 줄이는 것을 목표로 삼아야 한다. 아직도 1인당 국민 총생산*이 5백 달러 미만인 나라가 48개나 있다. 빈곤은 가장 풍요로운 나라들 안에서도 존재한다. 지배 국가들이 엄청난 무게로 누르고 있는데 어떻게 가장 빈곤한 국가들이 발전을 도모할 수 있을까? 국제 무역에서 미국은 자국의 이익을 위해서 놀라울 정도로 **WTO**를 이용하고 있다. 그리고 미국식 모델은 세계가 모방하는 참고의 모델이 되었다. 빌 클린턴은 취임식에서 서슴없이 다음과 같이 말했다: "미국은 이 세계에서 유일하게 필수 불가결한 국가이다." 아주 효율적인 이 미국식 모델이 국제적인 가치를 지니는가? 미국식 모델이 가장 빈곤한 국가에도 모델로 적용될 수 있겠는가? 바로 이 점에서 글로벌한 것과 국지적인 것 사이의 구분에 관한 근본적인 논쟁이 있다. "자유 무역이 이루어지는 하나의 세계에 다양한 발전의 모델이 존재할 수 있는가(…)? 이익을 얻는 지역에서조차도 어떻게 경제적 효율성과 사회적 정의를 조화롭게 할 수 있을까?"(벤코, 1995) 지난 2세기 동안 지속되어 온 국가들간의 경제적 불평등에 더해서 이제는 한 국가 안에서도 불평등이 심화되고 있다. 세계화가 과연 앞으로 이런 새로운 변화를 억제할 수 있을까?

최빈곤국가들과 신흥공업국가들

용어 해설

경쟁력(Compétitivité): 한 기업으로 하여금 성공적으로 경쟁에 대항할 수 있게 해주는 잠재적인 자원. 경쟁력은 다음 세 가지 점에서 판단된다: 기술 혁신·질·유연성.

경제적 자유주의(Libéralisme économique): 자유라는 개념에 기초하고 있으며 개인주의, 정부의 역할에 대한 무효화, 자유 경쟁과 같은 개념을 중시하는 사상의 조류. 정치적 자유주의와 경제적 자유주의를 혼동하지 말 것.

국내 총생산(Produit intérieur brut; PIB): 국내 총생산은 한해 동안 하나의 국가에 의해서 생산된 모든 부를 더하여 측정하는 지표이다.(부가 가치) 이는 제품 국내 총생산과 서비스 그리고 그 비용을 측정하기가 어려운 비상업적 국내 총생산(의료·행정)을 더한 것이다. 해마다 이 수치가 달라지는 것을 보면서 우리는 그 나라의 성장률을 측정할 수 있다. 구매력이라는 측정 방법은 여러 나라들의 경제 수준을 비교하는 좀더 정확한 방법이다. 왜냐하면 구매력은 각 나라의 국내 물가와 환율을 측정에서 고려하기 때문이다.

국민 총생산(Prouduit national brut; PNB): 국내 총생산에 외국에서 벌어들인 수입(외국에서 일하는 노동자가 받은 임금 등)을 더한 수치.

그룹(Conglomérat): 다양한 경제 활동을 하는 서로 아주 다른 성격을 지닌 기업들을 한데 묶어 놓은 것. 예를 들어 한 그룹 내에서 농업–식품–금속 관련 기업들이 한데 묶일 수 있다. 이는 1960–

70년대에 널리 사용되던 방식인데, 오늘날에는 이런 것보다는 동일한 분야 내에서 전문 기업들을 합병하는 방식이 사용된다.

민족-국가(État-nation): 국가란 하나의 정부의 권력이 미치는 물리적 공간을 지칭하는 사법적 개념이다. 민족은 국가와는 반드시 일치하지는 않는 문화적·인종적 또는 사회적 집단을 지칭한다. 프랑스와 같은 민족-국가는 상대적으로 드물다. 종종 인위적인 국경은 아프리카의 경우에서 보는 것처럼, 여러 민족들의 바람과 일치하지 않는다.

생명 주기(Cycle de vie): 하나의 상품은 생명 주기를 갖고 있다. 실제로 하나의 상품은 여러 단계를 거친다: 출시, 성숙기. 상품과 마찬가지로 기술도 다음 세 단계를 거친다: 기술의 극대화·생산(산업화)·성숙기.

생산성(Productivité): 생산된 제품의 가치와 제품의 생산에 투여된 다양한 요소들의 합 사이의 비율.

생산성=생산량/투여된 요소의 합.

성장(Croissance): 경제 분야에서, 이 단어는 장기간에 걸쳐서 국내 총생산 또는 국민 총생산이 증가하는 것을 나타낸다. 그러므로 이는 자본·생산·재화의 축적 과정을 의미한다. 이 성장의 현상은 경제학자들 사이에서 그간 수많은 논쟁의 대상이 되어 왔다. 성장은 규칙적이지 않다. 유럽은 '위대한 30년'을 보낸 후에는 '고통의 20년'을 보내야만 했다.

세계-경제(Économie-monde): 불평등한 세계의 경제를 하나의 대상으로 지칭하기 위해 발렌스타인이 사용한 표현이다. 브로델과 함께 이 용어는 더 이상 하나의 대상을 지칭하지 않는다. 왜냐하면 각 시기마다 하나의 체계, 하나의 도시-국가가 지배하기 때문이다. 그러므로 이 '세계-경제'들은 주변부를 착취하는 '중심부'

들이다. 이것들은 우선은 베네치아 · 제노바 · 암스테르담 · 파리와 같은 부유한 도시-국가들이었다.

수렴(Convergence): "빈곤국가들이 선진국가들보다 더 빨리 성장하여 선진국가들과의 소득 격차를 줄이게 되는 경향."(란트 프리체트, 1996) 예를 들어 1995년 1인당 국민 총생산이 2만6천7백30달러인 싱가포르가 그런 경우이다(참고로 싱가포르의 1995년 1인당 국민 총생산은 같은 해 독일의 1인당 국민 총생산과 거의 엇비슷하다).

외재화(Externalisation): 예기치 못한 효과를 낳는 생산 또는 소비이다. 예를 들어 하나의 공장은 주변 환경에 오염 · 공해 등의 외재화의 과정을 야기시킬 수 있다. 이런 외재적 효과는 긍정적인 것일 수도 있다.

이륙(Décollage): (영어 표현으로는 take off) 로스토가 사용하여 유명하게 된 용어. 이륙은 저개발국가가 그 국가의 경제와 사회를 완전히 변혁시키는 (약20년 정도에 걸친) 지속적인 성장의 단계에 들어갔을 때 맞이하는 발전 단계를 지칭한다.

자본(Capital): 일반적인 의미로, 어느 한 시점에 재고를 구성하고 있는 완제품 · 반제품 · 원자재를 지칭하는 중요한 경제 용어. 그렇지만 자본은 다양한 형태를 띨 수 있다.

자본주의(Capitalisme): 수익성이 높다고 여겨지는 지리적 지역이나 경제 활동 분야에 투자되는 사적 자본의 자유로운 유통, 사유 재산, 자유 기업에 기초한 경제 체제 및 사회 체제. 결코 '자유주의'는 이것과 동의어가 아님으로 혼동하지 말 것.

주변부(Périphérie): 최초에는 경제학자들에 의해서 사용되었고 이후에는 지리학자들에 의해서도 사용되는 용어. 주변부란 중심부에 의해서 지배되고 일반적으로 중심부보다 덜 역동적인 지역을 지칭한다. 주변부는 완전히 버려진 지역에서부터 '통합된' 지역에 이르기까지 여러 종류가 있다.

중심부(Centre): 제3세계 국가들로 이루어진 '주변부'와 대립되는 개념으로서 산업화된 경제들(유럽·북아메리카·일본)을 지칭하기 위해 사용하는 개념. 예를 들어 아민은 이 '중심부-주변부'의 쌍개념이 세계 체계를 구성한다고 본다.

체험 공간(Espace vécu): 원래 장 갈레가 사용한 표현이다. 프레몽은 한 개인이나 사회 집단이 규칙적으로 가는 장소를 지칭하기 위해서 사용한다. 실제로 하나의 장소나 지역에는 심리적 가치가 부여된다. 아주 강한 소속감이 인간과 '체험 공간'를 서로 연결시켜 준다.

탈국지화(Délocalisation): 가장 좁은 의미로는 이 용어가 한 기업의 경제적 활동이 이루어지는 물리적 위치의 부분적 또는 전체적 변화를 지칭한다. 그러므로 이 용어는 외국에 대한 직접적인 투자를 의미한다. 그렇지만 이 용어는 종종 남용되어 좀더 넓은 의미로 사용된다. 하나의 기업은 외국에서 이루어지는 생산에 소요되는 자본의 전체 또는 일부분을 통제할 수 있다.

투자(Inverstissement): 영어 단어로는 investment. 한 기업이 자산을 늘이기 위해서 사용되는 모든 자원을 지칭한다. 투자는 물적 투자, 금융적 투자, 인적 투자(지적·기술 개혁)가 있다.

참고 문헌

안드레프(ANDREFF V.), 1996, 《전세계의 다국적 기업 *Les multi-nationales globales*》, 파리, 라 데쿠베르트 출판사.

셰네(CHESNAIS F.), 1994, 《자본의 세계화 *La mondialisation du capital*》, 파리, 시로스 출판사

뒤루세(DUROUSSET M.), 1994, 《경제의 세계화 *La mondialisation de l'économie*》, 파리, 엘립시스 출판사.

거트맨(GUTMAN F.), 1994, 《세계의 새로운 장식 *Le nouveau décor international*》, 파리, 파이아르 출판사.

라패(LAFAY G.), 1997, 《세계화의 이해 *Comprendre la mondiali-sation*》,파리, 에코노미카출판사.

매디슨(MADDISON A.), 1989, 《20세기의 세계 경제 *L'économie mondiale au XXe siècle*》, OECD.

미샬레(MICHALET C. A.), 1976, 《세계의 자본주의 *Le capitalisme mondial*》, 파리, PUF 출판사.

오마에(OHMAE K.), 1990, 《국경 없는 세계 *The Bordless world*》, 런던, 콜린스 출판사.

파커(PARKER E.), 1993, 《목표 10퍼센트 *Objectif 10%*》, 파리, 크리테리옹 출판사.

폴레(PAULET J. P.), 1997, 《다국적 기업 *Les multinationales*》, 파리, 〈경제 시리즈〉, 엘립시스 출판사.

라이히(REICH R.), 1993, 《세계화된 경제 *L'économie mondialisée*》, 파리, 뒤노 출판사.

서로우(THUROW L.), 1997, 《자본주의의 골절 *Les fractures du ca-

pitalisme》, 파리, 빌라쥬몽디알 출판사.

벨츠(VELTZ P.), 1996, 《세계화, 도시와 영토 *Mondialisation, ville et territoires*》, 파리, 〈자유 경제 시리즈〉, PUF 출판사. 참고 문헌

* 통계 출전(Sources statistiques)

État du Monde 1998, La Découverte, 1997, 704p.

Bilan du Monde, Le Monde éditions, 1998, 192p.

Atlaseco, Le Nouvel Observateur, Atlas éconimique du monde, 1998, 208p.

Ramses 98, Dunod, 404p.

Conjoncture 97, éd. Bréal/Les Échos, 1024p.

World Economic Outlook, 1996, FMI, 190p.

색 인

장 피에르 폴레
현재 프랑스의 니스 소피아 앙티폴리스대학 교수
지리경제학에 관한 다수의 저서를 갖고 있다.

김종명
서울대 불문학과 졸업
캐나다 몬트리올 퀘벡대학교에서 언어학 박사학위 수여
현재 부산대학교 불어교육과 교수
역서: 《레바논》(창해), 《미국식 사회 모델》(동문선)
《세계화의 불안》(동문선)
《청소년이 알아야 할 사회경제학자들》(동문선)

현대신서
195

청소년이 알아야 할 세계화

초판발행 : 2006년 5월 25일

東文選

제10-64호, 78. 12. 16 등록
110-300 서울 종로구 관훈동 74
전화 : 737-2795

편집설계 : 李姃롯

ISBN 89-8038-576-5 44300
ISBN 89-8038-050-X(세트 : 현대신서)

【東文選 現代新書】

1 21세기를 위한 새로운 엘리트　　　FORESEEN 연구소 / 김경현　　　7,000원
2 의지, 의무, 자유 ― 주제별 논술　　L. 밀러 / 이대희　　　6,000원
3 사유의 패배　　　A. 핑켈크로트 / 주태환　　　7,000원
4 문학이론　　　J. 컬러 / 이은경 · 임옥희　　　7,000원
5 불교란 무엇인가　　　D. 키언 / 고길환　　　6,000원
6 유대교란 무엇인가　　　N. 솔로몬 / 최창모　　　6,000원
7 20세기 프랑스철학　　　E. 매슈스 / 김종갑　　　10,000원
8 강의에 대한 강의　　　P. 부르디외 / 현택수　　　6,000원
9 텔레비전에 대하여　　　P. 부르디외 / 현택수　　　10,000원
10 고고학이란 무엇인가　　　P. 반 / 박범수　　　8,000원
11 우리는 무엇을 아는가　　　T. 나겔 / 오영미　　　5,000원
12 에쁘롱 ― 니체의 문체들　　　J. 데리다 / 김다은　　　7,000원
13 히스테리 사례분석　　　S. 프로이트 / 태혜숙　　　7,000원
14 사랑의 지혜　　　A. 핑켈크로트 / 권유현　　　6,000원
15 일반미학　　　R. 카이유와 / 이경자　　　6,000원
16 본다는 것의 의미　　　J. 버거 / 박범수　　　10,000원
17 일본영화사　　　M. 테시에 / 최은미　　　7,000원
18 청소년을 위한 철학교실　　　A. 자카르 / 장혜영　　　7,000원
19 미술사학 입문　　　M. 포인턴 / 박범수　　　8,000원
20 클래식　　　M. 비어드 · J. 헨더슨 / 박범수　　　6,000원
21 정치란 무엇인가　　　K. 미노그 / 이정철　　　6,000원
22 이미지의 폭력　　　O. 몽젱 / 이은민　　　8,000원
23 청소년을 위한 경제학교실　　　J. C. 드루엥 / 조은미　　　6,000원
24 순진함의 유혹 〔메디시스賞 수상작〕　　P. 브뤼크네르 / 김웅권　　　9,000원
25 청소년을 위한 이야기 경제학　　　A. 푸르상 / 이은민　　　8,000원
26 부르디외 사회학 입문　　　P. 보네위츠 / 문경자　　　7,000원
27 돈은 하늘에서 떨어지지 않는다　K. 아른트 / 유영미　　　6,000원
28 상상력의 세계사　　　R. 보이아 / 김웅권　　　9,000원
29 지식을 교환하는 새로운 기술　　　A. 벵토릴라 外 / 김혜경　　　6,000원
30 니체 읽기　　　R. 비어즈워스 / 김웅권　　　6,000원
31 노동, 교환, 기술 ― 주제별 논술　　B. 데코사 / 신은영　　　6,000원
32 미국만들기　　　R. 로티 / 임옥희　　　10,000원
33 연극의 이해　　　A. 쿠프리 / 장혜영　　　8,000원
34 라틴문학의 이해　　　J. 가야르 / 김교신　　　8,000원
35 여성적 가치의 선택　　　FORESEEN연구소 / 문신원　　　7,000원
36 동양과 서양 사이　　　L. 이리가라이 / 이은민　　　7,000원
37 영화와 문학　　　R. 리처드슨 / 이형식　　　8,000원
38 분류하기의 유혹 ― 생각하기와 조직하기　　G. 비뇨 / 임기대　　　7,000원
39 사실주의 문학의 이해　　　G. 라루 / 조성애　　　8,000원
40 윤리학 ― 악에 대한 의식에 관하여　　A. 바디우 / 이종영　　　7,000원
41 흙과 재 〔소설〕　　　A. 라히미 / 김주경　　　6,000원

	제목	저자 / 역자	가격
42	진보의 미래	D. 르쿠르 / 김영선	6,000원
43	중세에 살기	J. 르 고프 外 / 최애리	8,000원
44	쾌락의 횡포·상	J. C. 기유보 / 김웅권	10,000원
45	쾌락의 횡포·하	J. C. 기유보 / 김웅권	10,000원
46	운디네와 지식의 불	B. 데스파냐 / 김웅권	8,000원
47	이성의 한가운데에서 — 이성과 신앙	A. 퀴노 / 최은영	6,000원
48	도덕적 명령	FORESEEN 연구소 / 우강택	6,000원
49	망각의 형태	M. 오제 / 김수경	6,000원
50	느리게 산다는 것의 의미·1	P. 쌍소 / 김주경	7,000원
51	나만의 자유를 찾아서	C. 토마스 / 문신원	6,000원
52	음악적 삶의 의미	M. 존스 / 송인영	근간
53	나의 철학 유언	J. 기통 / 권유현	8,000원
54	타르튀프 / 서민귀족 〔희곡〕	몰리에르 / 덕성여대극예술비교연구회	8,000원
55	판타지 공장	A. 플라워즈 / 박범수	10,000원
56	홍수·상 〔완역판〕	J. M. G. 르 클레지오 / 신미경	8,000원
57	홍수·하 〔완역판〕	J. M. G. 르 클레지오 / 신미경	8,000원
58	일신교 — 성경과 철학자들	E. 오르티그 / 전광호	6,000원
59	프랑스 시의 이해	A. 바이양 / 김다은·이혜지	8,000원
60	종교철학	J. P. 힉 / 김희수	10,000원
61	고요함의 폭력	V. 포레스테 / 박은영	8,000원
62	고대 그리스의 시민	C. 모세 / 김덕희	7,000원
63	미학개론 — 예술철학입문	A. 셰퍼드 / 유호전	10,000원
64	논증 — 담화에서 사고까지	G. 비뇨 / 임기대	6,000원
65	역사 — 성찰된 시간	F. 도스 / 김미겸	7,000원
66	비교문학개요	F. 클로동·K. 아다-보트링 / 김정란	8,000원
67	남성지배	P. 부르디외 / 김용숙	개정판 10,000원
68	호모사피언스에서 인터렉티브인간으로	FORESEEN 연구소 / 공나리	8,000원
69	상투어 — 언어·담론·사회	R. 아모시·A. H. 피에로 / 조성애	9,000원
70	우주론이란 무엇인가	P. 코올즈 / 송형석	8,000원
71	푸코 읽기	P. 빌루에 / 나길래	8,000원
72	문학논술	J. 파프·D. 로쉬 / 권종분	8,000원
73	한국전통예술개론	沈雨晟	10,000원
74	시학 — 문학 형식 일반론 입문	D. 퐁텐 / 이용주	8,000원
75	진리의 길	A. 보다르 / 김승철·최정아	9,000원
76	동물성 — 인간의 위상에 관하여	D. 르스텔 / 김승철	6,000원
77	랑가쥬 이론 서설	L. 옐름슬레우 / 김용숙·김혜련	10,000원
78	잔혹성의 미학	F. 토넬리 / 박형섭	9,000원
79	문학 텍스트의 정신분석	M. J. 벨멩-노엘 / 심재중·최애영	9,000원
80	무관심의 절정	J. 보드리야르 / 이은민	8,000원
81	영원한 황홀	P. 브뤼크네르 / 김웅권	9,000원
82	노동의 종말에 반하여	D. 슈나페르 / 김교신	6,000원
83	프랑스영화사	J. -P. 장콜라 / 김혜련	8,000원

【東文選 文藝新書】

5	남사당패연구	沈雨晟	19,000원
6	현대영미희곡선(전4권)	N. 코워드 外 / 李辰洙	절판
7	행위예술	L. 골드버그 / 沈雨晟	절판
8	문예미학	蔡 儀 / 姜慶鎬	절판
9	神의 起源	何 新 / 洪 熹	16,000원
10	중국예술정신	徐復觀 / 權德周 外	24,000원
11	中國古代書史	錢存訓 / 金允子	14,000원
12	이미지 — 시각과 미디어	J. 버거 / 편집부	15,000원
13	연극의 역사	P. 하트놀 / 沈雨晟	절판
14	詩 論	朱光潛 / 鄭相泓	22,000원
15	탄트라	A. 무케르지 / 金龜山	16,000원
16	조선민족무용기본	최승희	15,000원
17	몽고문화사	D. 마이달 / 金龜山	8,000원
18	신화 미술 제사	張光直 / 李 徹	절판
19	아시아 무용의 인류학	宮尾慈良 / 沈雨晟	20,000원
20	아시아 민족음악순례	藤井知昭 / 沈雨晟	5,000원
21	華夏美學	李澤厚 / 權 瑚	20,000원
22	道	張立文 / 權 瑚	18,000원
23	朝鮮의 占卜과 豫言	村山智順 / 金禧慶	28,000원
24	원시미술	L. 아담 / 金仁煥	16,000원
25	朝鮮民俗誌	秋葉隆 / 沈雨晟	12,000원
26	神話의 이미지	J. 캠벨 / 扈承喜	근간
27	原始佛敎	中村元 / 鄭泰爀	8,000원
28	朝鮮女俗考	李能和 / 金尙憶	24,000원
29	朝鮮解語花史(조선기생사)	李能和 / 李在崑	25,000원
30	조선창극사	鄭魯湜	17,000원
31	동양회화미학	崔炳植	18,000원
32	性과 결혼의 민족학	和田正平 / 沈雨晟	9,000원
33	農漁俗談辭典	宋在璇	12,000원
34	朝鮮의 鬼神	村山智順 / 金禧慶	12,000원
35	道敎와 中國文化	葛兆光 / 沈揆昊	15,000원
36	禪宗과 中國文化	葛兆光 / 鄭相泓·任炳權	8,000원
37	오페라의 역사	L. 오레이 / 류연희	절판
38	인도종교미술	A. 무케르지 / 崔炳植	14,000원
39	힌두교의 그림언어	안넬리제 外 / 全在星	9,000원
40	중국고대사회	許進雄 / 洪 熹	30,000원
41	중국문화개론	李宗桂 / 李宰碩	23,000원
42	龍鳳文化源流	王大有 / 林東錫	25,000원
43	甲骨學通論	王宇信 / 李宰碩	40,000원
44	朝鮮巫俗考	李能和 / 李在崑	20,000원
45	미술과 페미니즘	N. 부루드 外 / 扈承喜	9,000원
46	아프리카미술	P. 윌레뜨 / 崔炳植	절판

47	美의 歷程	李澤厚 / 尹壽榮	28,000원
48	曼茶羅의 神들	立川武藏 / 金龜山	19,000원
49	朝鮮歲時記	洪錫謨 外/李錫浩	30,000원
50	하 상	蘇曉康 外 / 洪 憙	절판
51	武藝圖譜通志 實技解題	正 祖 / 沈雨晟 · 金光錫	15,000원
52	古文字學 첫걸음	李學勤 / 河永三	14,000원
53	體育美學	胡小明 / 閔永淑	18,000원
54	아시아 美術의 再發見	崔炳植	9,000원
55	曆과 占의 科學	永田久 / 沈雨晟	8,000원
56	中國小學史	胡奇光 / 李宰碩	20,000원
57	中國甲骨學史	吳浩坤 外 / 梁東淑	35,000원
58	꿈의 철학	劉文英 / 河永三	22,000원
59	女神들의 인도	立川武藏 / 金龜山	19,000원
60	性의 역사	J. L. 플랑드렝 / 편집부	18,000원
61	쉬르섹슈얼리티	W. 챠드윅 / 편집부	10,000원
62	여성속담사전	宋在璇	18,000원
63	박재서희곡선	朴栽緒	10,000원
64	東北民族源流	孫進己 / 林東錫	13,000원
65	朝鮮巫俗의 硏究(상·하)	赤松智城·秋葉隆 / 沈雨晟	28,000원
66	中國文學 속의 孤獨感	斯波六郞 / 尹壽榮	8,000원
67	한국사회주의 연극운동사	李康列	8,000원
68	스포츠인류학	K. 블랑챠드 外 / 박기동 外	12,000원
69	리조복식도감	리팔찬	20,000원
70	娼 婦	A. 꼬르벵 / 李宗旼	22,000원
71	조선민요연구	高晶玉	30,000원
72	楚文化史	張正明 / 南宗鎭	26,000원
73	시간, 욕망, 그리고 공포	A. 코르뱅 / 변기찬	18,000원
74	本國劍	金光錫	40,000원
75	노트와 반노트	E. 이오네스코 / 박형섭	20,000원
76	朝鮮美術史硏究	尹喜淳	7,000원
77	拳法要訣	金光錫	30,000원
78	艸衣選集	艸衣意恂 / 林鍾旭	20,000원
79	漢語音韻學講義	董少文 / 林東錫	10,000원
80	이오네스코 연극미학	C. 위베르 / 박형섭	9,000원
81	중국문자훈고학사전	全廣鎭 편역	23,000원
82	상말속담사전	宋在璇	10,000원
83	書法論叢	沈尹默 / 郭魯鳳	16,000원
84	침실의 문화사	P. 디비 / 편집부	9,000원
85	禮의 精神	柳 肅 / 洪 憙	20,000원
86	조선공예개관	沈雨晟 편역	30,000원
87	性愛의 社會史	J. 솔레 / 李宗旼	18,000원
88	러시아미술사	A. I 조토프 / 이건수	22,000원

89	中國書藝論文選	郭魯鳳 選譯	25,000원
90	朝鮮美術史	關野貞 / 沈雨晟	30,000원
91	美術版 탄트라	P. 로슨 / 편집부	8,000원
92	군달리니	A. 무케르지 / 편집부	9,000원
93	카마수트라	바짜야나 / 鄭泰爀	18,000원
94	중국언어학총론	J. 노먼 / 全廣鎭	28,000원
95	運氣學說	任應秋 / 李宰碩	15,000원
96	동물속담사전	宋在璇	20,000원
97	자본주의의 아비투스	P. 부르디외 / 최종철	10,000원
98	宗敎學入門	F. 막스 뮐러 / 金龜山	10,000원
99	변 화	P. 바츨라빅크 外 / 박인철	10,000원
100	우리나라 민속놀이	沈雨晟	15,000원
101	歌訣(중국역대명언경구집)	李宰碩 편역	20,000원
102	아니마와 아니무스	A. 융 / 박해순	8,000원
103	나, 너, 우리	L. 이리가라이 / 박정오	12,000원
104	베케트연극론	M. 푸크레 / 박형섭	8,000원
105	포르노그래피	A. 드워킨 / 유혜련	12,000원
106	셸 링	M. 하이데거 / 최상욱	12,000원
107	프랑수아 비용	宋 勉	18,000원
108	중국서예 80제	郭魯鳳 편역	16,000원
109	性과 미디어	W. B. 키 / 박해순	12,000원
110	中國正史朝鮮列國傳(전2권)	金聲九 편역	120,000원
111	질병의 기원	T. 매큐언 / 서 일 · 박종연	12,000원
112	과학과 젠더	E. F. 켈러 / 민경숙 · 이현주	10,000원
113	물질문명 · 경제 · 자본주의	F. 브로델 / 이문숙 外	절판
114	이탈리아인 태고의 지혜	G. 비코 / 李源斗	8,000원
115	中國武俠史	陳 山 / 姜鳳求	18,000원
116	공포의 권력	J. 크리스테바 / 서민원	23,000원
117	주색잡기속담사전	宋在璇	15,000원
118	죽음 앞에 선 인간(상 · 하)	P. 아리에스 / 劉仙子	각권 8,000원
119	철학에 대하여	L. 알튀세르 / 서관모 · 백승욱	12,000원
120	다른 곳	J. 데리다 / 김다은 · 이혜지	10,000원
121	문학비평방법론	D. 베르제 外 / 민혜숙	12,000원
122	자기의 테크놀로지	M. 푸코 / 이희원	16,000원
123	새로운 학문	G. 비코 / 李源斗	22,000원
124	천재와 광기	P. 브르노 / 김웅권	13,000원
125	중국은사문화	馬 華 · 陳正宏 / 강경범 · 천현경	12,000원
126	푸코와 페미니즘	C. 라마자노글루 外 / 최 영 外	16,000원
127	역사주의	P. 해밀턴 / 임옥희	12,000원
128	中國書藝美學	宋民 / 郭魯鳳	16,000원
129	죽음의 역사	P. 아리에스 / 이종민	18,000원
130	돈속담사전	宋在璇 편	15,000원

131	동양극장과 연극인들	김영무	15,000원
132	生育神과 性巫術	宋兆麟 / 洪 熹	20,000원
133	미학의 핵심	M. M. 이턴 / 유호전	20,000원
134	전사와 농민	J. 뒤비 / 최생열	18,000원
135	여성의 상태	N. 에니크 / 서민원	22,000원
136	중세의 지식인들	J. 르 고프 / 최애리	18,000원
137	구조주의의 역사(전4권)	F. 도스 / 김웅권 外 Ⅰ·Ⅱ·Ⅳ 15,000원 / Ⅲ 18,000원	
138	글쓰기의 문제해결전략	L. 플라워 / 원진숙·황정현	20,000원
139	음식속담사전	宋在璇 편	16,000원
140	고전수필개론	權 瑚	16,000원
141	예술의 규칙	P. 부르디외 / 하태환	23,000원
142	"사회를 보호해야 한다"	M. 푸코 / 박정자	20,000원
143	페미니즘사전	L. 터틀 / 호승희·유혜련	26,000원
144	여성심벌사전	B. G. 워커 / 정소영	근간
145	모데르니테 모데르니테	H. 메쇼닉 / 김다은	20,000원
146	눈물의 역사	A. 벵상뷔포 / 이자경	18,000원
147	모더니티입문	H. 르페브르 / 이종민	24,000원
148	재생산	P. 부르디외 / 이상호	23,000원
149	종교철학의 핵심	W. J. 웨인라이트 / 김희수	18,000원
150	기호와 몽상	A. 시몽 / 박형섭	22,000원
151	융분석비평사전	A. 새뮤얼 外 / 민혜숙	16,000원
152	운보 김기창 예술론연구	최병식	14,000원
153	시적 언어의 혁명	J. 크리스테바 / 김인환	20,000원
154	예술의 위기	Y. 미쇼 / 하태환	15,000원
155	프랑스사회사	G. 뒤프 / 박 단	16,000원
156	중국문예심리학사	劉偉林 / 沈揆昊	30,000원
157	무지카 프라티카	M. 캐넌 / 김혜중	25,000원
158	불교산책	鄭泰爀	20,000원
159	인간과 죽음	E. 모랭 / 김명숙	23,000원
160	地中海	F. 브로델 / 李宗旼	근간
161	漢語文字學史	黃德實·陳秉新 / 河永三	24,000원
162	글쓰기와 차이	J. 데리다 / 남수인	28,000원
163	朝鮮神事誌	李能和 / 李在崑	근간
164	영국제국주의	S. C. 스미스 / 이태숙·김종원	16,000원
165	영화서술학	A. 고드로·F. 조스트 / 송지연	17,000원
166	美學辭典	사사키 겡이치 / 민주식	22,000원
167	하나이지 않은 성	L. 이리가라이 / 이은민	18,000원
168	中國歷代書論	郭魯鳳 譯註	25,000원
169	요가수트라	鄭泰爀	15,000원
170	비정상인들	M. 푸코 / 박정자	25,000원
171	미친 진실	J. 크리스테바 外 / 서민원	25,000원
172	디스탱숑	P. 부르디외 / 이종민	근간

173	세계의 비참(전3권)	P. 부르디외 外 / 김주경	각권 26,000원
174	수묵의 사상과 역사	崔炳植	근간
175	파스칼적 명상	P. 부르디외 / 김웅권	22,000원
176	지방의 계몽주의	D. 로슈 / 주명철	30,000원
177	이혼의 역사	R. 필립스 / 박범수	25,000원
178	사랑의 단상	R. 바르트 / 김희영	20,000원
179	中國書藝理論體系	熊秉明 / 郭魯鳳	23,000원
180	미술시장과 경영	崔炳植	16,000원
181	카프카 — 소수적인 문학을 위하여	G. 들뢰즈 · F. 가타리 / 이진경	18,000원
182	이미지의 힘 — 영상과 섹슈얼리티	A. 쿤 / 이형식	13,000원
183	공간의 시학	G. 바슐라르 / 곽광수	23,000원
184	랑데부 — 이미지와의 만남	J. 버거 / 임옥희 · 이은경	18,000원
185	푸코와 문학 — 글쓰기의 계보학을 향하여	S. 듀링 / 오경심 · 홍유미	26,000원
186	각색, 연극에서 영화로	A. 엘보 / 이선형	16,000원
187	폭력과 여성들	C. 도펭 外 / 이은민	18,000원
188	하드 바디 — 할리우드 영화에 나타난 남성성	S. 제퍼드 / 이형식	18,000원
189	영화의 환상성	J. -L. 뢰트라 / 김경온 · 오일환	18,000원
190	번역과 제국	D. 로빈슨 / 정혜욱	16,000원
191	그라마톨로지에 대하여	J. 데리다 / 김웅권	35,000원
192	보건 유토피아	R. 브로만 外 / 서민원	20,000원
193	현대의 신화	R. 바르트 / 이화여대기호학연구소	20,000원
194	회화백문백답	湯兆基 / 郭魯鳳	20,000원
195	고서화감정개론	徐邦達 / 郭魯鳳	30,000원
196	상상의 박물관	A. 말로 / 김웅권	26,000원
197	부빈의 일요일	J. 뒤비 / 최생열	22,000원
198	아인슈타인의 최대 실수	D. 골드스미스 / 박범수	16,000원
199	유인원, 사이보그, 그리고 여자	D. 해러웨이 / 민경숙	25,000원
200	공동생활 속의 개인주의	F. 드 생글리 / 최은영	20,000원
201	기식자	M. 세르 / 김웅권	24,000원
202	연극미학 — 플라톤에서 브레히트까지의 텍스트들	J. 셰레 外 / 홍지화	24,000원
203	철학자들의 신	W. 바이셰델 / 최상욱	34,000원
204	고대 세계의 정치	모제스 I. 핀레이 / 최생열	16,000원
205	프란츠 카프카의 고독	M. 로베르 / 이창실	18,000원
206	문화 학습 — 실천적 입문서	J. 자일스 · T. 미들턴 / 장성희	24,000원
207	호모 아카데미쿠스	P. 부르디외 / 임기대	29,000원
208	朝鮮槍棒教程	金光錫	40,000원
209	자유의 순간	P. M. 코헨 / 최하영	16,000원
210	밀교의 세계	鄭泰爀	16,000원
211	토탈 스크린	J. 보드리야르 / 배영달	19,000원
212	영화와 문학의 서술학	F. 바누아 / 송지연	22,000원
213	텍스트의 즐거움	R. 바르트 / 김희영	15,000원
214	영화의 직업들	B. 라트롱슈 / 김경온 · 오일환	16,000원

257 조희룡 평전　　　　　　　　　　　김영회 外　　　　　　　　　　　18,000원
258 역사철학　　　　　　　　　　　　F. 도스 / 최생열　　　　　　　　23,000원
259 철학자들의 동물원　　　　　　　A. L. 브라 쇼파르 / 문신원　　　22,000원
260 시각의 의미　　　　　　　　　　J. 버거 / 이용은　　　　　　　　24,000원
261 들뢰즈　　　　　　　　　　　　　A. 콸란디 / 임기대　　　　　　　13,000원
262 문학과 문화 읽기　　　　　　　　김종갑　　　　　　　　　　　　16,000원
263 과학에 대하여 — 행동하는 지성　B. 리들리 / 이영주　　　　　　　18,000원
264 장 지오노와 서술 이론　　　　　송지연　　　　　　　　　　　　18,000원
265 영화의 목소리　　　　　　　　　M. 시옹 / 박선주　　　　　　　　20,000원
266 사회보장의 발명　　　　　　　　J. 동즐로 / 주형일　　　　　　　17,000원
267 이미지와 기호　　　　　　　　　M. 졸리 / 이선형　　　　　　　　22,000원
268 위기의 식물　　　　　　　　　　J. M. 펠트 / 이충건　　　　　　　18,000원
269 중국 소수민족의 원시종교　　　　洪 熹　　　　　　　　　　　　18,000원
270 영화감독들의 영화 이론　　　　　J. 오몽 / 곽동준　　　　　　　　22,000원
271 중첩　　　　　　　　　　　　　　J. 들뢰즈 · C. 베네 / 허희정　　18,000원
272 대담 — 디디에 에리봉과의 자전적 인터뷰　　J. 뒤메질 / 송대영　18,000원
273 중립　　　　　　　　　　　　　　R. 바르트 / 김웅권　　　　　　　30,000원
274 알퐁스 도데의 문학과 프로방스 문화　　　　이종민　　　　　　　16,000원
275 우리말 釋迦如來行蹟頌　　　　　高麗 無寄 / 金月雲　　　　　　18,000원
276 金剛經講話　　　　　　　　　　　金月雲 講述　　　　　　　　　18,000원
277 자유와 결정론　　　　　　　　　O. 브르니피에 外 / 최은영　　　16,000원
278 도리스 레싱: 20세기 여성의 초상　　　　　민경숙　　　　　　　24,000원
279 기독교윤리학의 이론과 방법론　　김희수　　　　　　　　　　　24,000원
280 과학에서 생각하는 주제 100가지　　I. 스탕저 外 / 김웅권　　　21,000원
281 말로와 소설의 상징시학　　　　　김웅권　　　　　　　　　　　22,000원
282 키에르케고르　　　　　　　　　　C. 르 블랑 / 이창실　　　　　　14,000원
283 시나리오 쓰기의 이론과 실제　　A. 로슈 外 / 이용주　　　　　25,000원
284 조선사회경제사　　　　　　　　　白南雲 / 沈雨晟　　　　　　　30,000원
285 이성과 감각　　　　　　　　　　O. 브르니피에 外 / 이은민　　　16,000원
286 행복의 단상　　　　　　　　　　C. 앙드레 / 김교신　　　　　　　20,000원
287 삶의 의미 — 행동하는 지성　　　J. 코팅햄 / 강혜원　　　　　　　16,000원
288 안티고네의 주장　　　　　　　　J. 버틀러 / 조현순　　　　　　　14,000원
289 예술 영화 읽기　　　　　　　　　이선형　　　　　　　　　　　　19,000원
290 달리는 꿈, 자동차의 역사　　　　P. 치글러 / 조국현　　　　　　　17,000원
291 매스커뮤니케이션과 사회　　　　현택수　　　　　　　　　　　　17,000원
292 교육론　　　　　　　　　　　　　J. 피아제 / 이병애　　　　　　　22,000원
293 연극 입문　　　　　　　　　　　히라타 오리자 / 고정은　　　　　13,000원
294 역사는 계속된다　　　　　　　　G. 뒤비 / 백인호 · 최생열　　　16,000원
295 에로티시즘을 위한 즐기기 위한 100가지 기본 용어 J. -C. 마르탱/김웅권 19,000원
296 대화의 기술　　　　　　　　　　A. 밀롱 / 공정아　　　　　　　　17,000원
297 실천 이성　　　　　　　　　　　P. 부르디외 / 김웅권　　　　　　19,000원
298 세미오티케　　　　　　　　　　　J. 크리스테바 / 서민원　　　　　28,000원

3104 《센소》 비평 연구   M. 라니 / 이수원   18,000원

【기 타】

모드의 체계	R. 바르트 / 이화여대기호학연구소	18,000원
라신에 관하여	R. 바르트 / 남수인	10,000원
說 苑 (上·下)	林東錫 譯註	각권 30,000원
晏子春秋	林東錫 譯註	30,000원
西京雜記	林東錫 譯註	20,000원
搜神記 (上·下)	林東錫 譯註	각권 30,000원
경제적 공포〔메디치賞 수상작〕	V. 포레스테 / 김주경	7,000원
古陶文字徵	高 明·葛英會	20,000원
그리하여 어느날 사랑이여	이외수 편	4,000원
너무한 당신, 노무현	현택수 칼럼집	9,000원
노력을 대신하는 것은 없다	R. 쉬이 / 유혜련	5,000원
노블레스 오블리주	현택수 사회비평집	7,500원
딸에게 들려 주는 작은 지혜	N. 레흐레이트너 / 양영란	6,500원
미래를 원한다	J. D. 로스네 / 문 선·김덕희	8,500원
바람의 자식들—정치시사 칼럼집 현택수		8,000원
사랑의 존재	한용운	3,000원
산이 높으면 마땅히 우러러볼 일이다 유 향 / 임동석		5,000원
서기 1000년과 서기 2000년 그 두려움의 흔적들 J. 뒤비 / 양영란		8,000원
서비스는 유행을 타지 않는다 B. 바게트 / 정소영		5,000원
선종이야기	홍 희 편저	8,000원
섬으로 흐르는 역사	김영회	10,000원
세계사상	창간호~3호: 각권 10,000원 / 4호: 14,000원	
손가락 하나의 사랑 1, 2, 3	D. 글로슈 / 서민원	각권 7,500원
십이속상도안집	편집부	8,000원
얀 이야기 ① 얀과 카와카마스	마치다 준 / 김은진·한인숙	8,000원
어린이 수묵화의 첫걸음(전6권)	趙 陽 / 편집부	각권 5,000원
오늘 다 못다한 말은	이외수 편	7,000원
오블라디 오블라다, 인생은 브래지어 위를 흐른다 무라카미 하루키 / 김난주 7,000원		
이젠 다시 유혹하지 않으련다	P. 쌍소 / 서민원	9,000원
인생은 앞유리를 통해서 보라	B. 바게트 / 박해순	5,000원
자기를 다스리는 지혜	한인숙 편저	10,000원
천연기념물이 된 바보	최병식	7,800원
原本 武藝圖譜通志	正祖 命撰	60,000원
테오의 여행 (전5권)	C. 클레망 / 양영란	각권 6,000원
한글 설원 (상·중·하)	임동석 옮김	각권 7,000원
한글 안자춘추	임동석 옮김	8,000원
한글 수신기 (상·하)	임동석 옮김	각권 8,000원